Qui veut voir la Lune

Prix 50 c.

BARBRE, éditeur
12, BOULEVARD SAINT-MARTIN

Prix 50 c.

QUI VEUT VOIR LA LUNE ?

REVUE FANTAISIE EN TROIS ACTES ET HUIT TABLEAUX

PAR

MM. HECTOR MONRÉAL ET HENRI BLONDEAU

Airs nouveaux de MM. DIANE et MARC-CHAUTAGNE. Décors de M. ROBECCHI. Costumes dessinés par M. DRANER et exécutés par M. PARET et Mme VASSEUR. Lumière de M. GUYOT DE L'ISLE. — Taureau machiné par MM. HALLÉ et BOURDILLAT.

REPRÉSENTÉE POUR LA PREMIÈRE FOIS, A PARIS, SUR LE THÉATRE DU CHATEAU-D'EAU, LE 24 DÉCEMBRE 1871.

Direction de M. **HIPPOLYTE COGNIARD.**

DISTRIBUTION

Rôle	Acteur	Rôle	Acteur	Rôle	Acteur
GODEFROY	MM. HITTEMANS.	LE VÉLOCIPÉDISTE	ARMAND.	FRANÇOISE	BEGAT.
BALDAQUIN	MERCIER.	GRENELLE, DE CLIGNEROY, PROUT-PROUT	DUMESNIL.	DEUXIÈME REPORTER, BOULE DE NEIGE	DELAVIGNE.
SAINT-ANDRÉ, CORA	TOURÉ.	KATOKOI	LOUVET.	TROISIÈME REPORTER, BISTOURINE	LEDUC.
PICOTIN, GARGOTARD, ÉROSTRATE, BOULENZINC	LÉON NOEL.	DZIM-DZIM	HUGUENIN.	QUATRIÈME REPORTER, CAMPHRINETTE	BONNET.
LE RÉGISSEUR, DE SÁVENAY	MONDET.	DIG-DIG	BENARD.	LE BATEAU-MOUCHE	FRÉDÉRIQUE.
DIOGÈNE, CARAMBA, DE SAINTE-CROIX	RODRIGUEZ.	TOTO	le petit DUMESNIL.	MADAME DE CLIGNEROI	ESTELLE.
MOUJAVA, YOUP-YOUP	GERMAIN.	MADELEINE, MINERVE, MADAME BOULENZINC	Mmes TASSILLY.	UNE DAME	IRMA.
ROBERT VINGT, TROMBI-NOSKOF	JACOBS.	LA REVUE-COMIQUE, COQUELICOTTE	MARTHA.	PREMIÈRE HABITANTE	BETHRY.
UN VIEUX MONSIEUR, UN AUDITEUR	PLOTON.	LA ROULETTE, LES FOLIES-BERGÈRE	MARIE BLANC.	DROGUINETTE	SUZANNE.
GORJU, NIP-NIP, APPRENTI	POTIER.	GUGUSSE, OSTENDINETTE	LAVIGNE.	DEUXIÈME HABITANTE	BRILLOIN.
LA CROIX-ROUGE, DE TERREMONDE, GUISINIER-	NICOLO.	PREMIER REPORTER, MADAME DE MONTRANCY	J. LORENTZ.	TROISIÈME HABITANTE	GABRIELLE.

Promeneurs des deux sexes. — Le Cirque d'Hiver. — Le Puits qui chante. — Nabucho. — Le Juif errant, personnages muets. — Deux Juges. — Quatre Huissiers. — Sonneurs de trompe. — Hommes d'armes. — Lunatiques des deux sexes.

DANSE. — Au 8e tableau, BALLET réglé par M. JUSTAMANT, dansé par Mmes *Pauline Odin* et *Rozier.*

TORÉADORS : Mmes J. Bultiauw, Brambilla, Vandris, Lebert, F. Langlois, Zoé, Caban, Guiraud, Sanois, Berthe Berd, Figelet, Tiniels, Clairte et Flora.

ÉCUYÈRES : Bonnet, Frédérique, Suzanne et Brilloin.

ACTE PREMIER

—

PREMIER TABLEAU

TOUT LE MONDE SUR LE PONT !...

Le terre-plein du Pont-Neuf. La nuit commence à venir. La lune au fond.

—

SCÈNE PREMIÈRE.

BALDAQUIN, GUGUSSE.

Au lever du rideau, la scène est très-animée. Des promeneurs des deux sexes entourent un vélocipédiste qui vient de dégringoler à terre. Gugusse, au fond, range des figurines en plâtre sur le parapet. A gauche, Baldaquin assis au pied de son télescope.

CHŒUR.

AIR : *de Dagobert et son Vélocipède* (F. Demarquette).

Ah ! la drôle de tête
A-t-il l'air assez bête !
Par terre il s'est flanqué,
Il est tout disloqué !

LE VÉLOCIPÉDISTE.

De mon vélocipède.
Si je suis tombé raide
Le fait m'est bien prouvé
C'est la faute au pavé.
Ah ! gredin de pavé !...
Oh ! la la ! oh ! la la ! *(Bis.)*
Jadis le macadam valait mieux que cela,
Oh ! la la ! Oh ! la la ! *(Bis.)*
Le macadam, vraiment,
Avait son agrément !

Reprise du chœur en riant.
Ah ! ah ! ah ! ah ! ah ! ah !
Que le vélocipède a donc d'attraits vraiment !
Ah ! ah ! ah ! ah ! ah ! ah !
Invention divine, ah ! combien c'est charmant !

LA FOULE *suivant le vélocipédiste qui sort au milieu des rires et des huées.*

Ah ! ah ! ah ! ah ! ah ! ah !
Peut-on faire autrement !
Ah ! ah ! ah ! ah ! ah ! ah !
C'est divin, c'est charmant !
(Tout le monde sort.)

SCÈNE II

BALDAQUIN, PICOTIN, GORJU, GUGUSSE, FRANÇOISE.

LE PÈRE BALDAQUIN. Et voilà le monde !... Un cheval, un âne tombe à terre et se fait une écorchure, on le plaint et on dit : Pauvre bête ! — Un homme fait un faux pas et se casse les reins, on le gouaille et on l'appelle : imbécile ! — Oh ! ces habitants de la terre !... *(Il hausse les épaules : Changeant de ton :)* Qui veut voir la lune ? Qui veut voir la lune ?... *(Il remonte près de son télescope. Gorju s'approche et regarde dedans.)*

GUGUSSE, *accent italien.* Demandez les célébrités du zour ! La reproduction des chefs-d'œuvre de la scoulture !

PICOTIN, *donnant le bras à Françoise.* Voyons, consolez-vous, mam'zelle Françoise. Peut-être que cette catastrophe, elle n'aura pas lieu... Le glaive de l'autorité, il respectera cet ornement soyeux et imposant... Il y a encore de l'espoir !... faut être *philosophe !*

FRANÇOISE, *sanglotant.* Je ne m'en consolerais jamais... hi ! hi !...

PICOTIN. Mais puisque je vous dis que ce n'est qu'un projet... Tenez : *(Il déploie le Petit Journal, lisant :)* « A propos des améliorations à apporter dans la nouvelle organisation de l'armée, il est fortement question de supprimer la barbe des sapeurs. »

FRANÇOISE. Et ils appellent ça une amélioration ! C'est une abomination qu'ils devraient dire.

PICOTIN. J'ajouterai même, une spoliation !

FRANÇOISE. Vous qui êtes si beau avec votre barbe en espalier !

PICOTIN. Ce qui fait dire quand nous sommes bras dessus, bras dessous, que vous êtes une pêche d'espalier... une pêche à trois sous.

FRANÇOISE. Mais si l'on vous fauchait, ça serait fini... vous auriez l'air d'un vieux coq déplumé... d'une brosse sans crin, d'un plumeau sans plumes !...

PICOTIN. Assez, Françoise, vos paroles me brûlent, nom d'un nom !...

AIR : *Laissez les Roses aux Rosiers.*

Ah ! que ce projet-là me vexe,
Je n' comprends pas l' gouvernement,
Car ce qui charmait le beau sexe
C'était not' barbe assurément !
Mais l'autorité, je l'espère,
Ne commettra pas cette erreur,
Car déjà dans la France entière
On entend murmurer en chœur :
Qu'on laiss' les enfants à leur mère,
Et qu'on laiss' la barbe au sapeur.
(Reprise ensemble.)

GORJU, *Après avoir regardé dans le télescope.* Dites donc vous, le montreur de lune, combien que ça coûte pour avoir regardé dans vot' tuyau ?

BALDAQUIN. Deux sous, militaire.

GORJU. Deux sous pour voir la lune ! toute entière ! mais quand il y en a qu'un quatier... c'est moins cher que je présuppose, n'est-ce pas, caporal Picotin ?

PICOTIN. Ça va sans dire, Gorju ; mais il y a moyen de réconcilier les choses. Donnez les deux sous à monsieur, à condition que, demain, il vous montrera l'autre moitié.

BALDAQUIN. Volontiers ; on vous la mettra de côté, militaire.

GORJU. Comme ça, ça me va.

PICOTIN. Alors tout le monde est content ! (Françoise pousse un gros soupir.) Françoise, ne mugissez pas ainsi ; les peuples s'égarent quelquefois, mais le bon sens finit toujours par prédominer. Rassurez-vous, ma bien-aimée, ma barbe surnagera dans tous ces bouleversements.

Reprise ensemble du Refrain.

Qu'on laiss' les enfants à leur mère,
Etc.

GUGUSSE. Faites donc attention, sapeur ; d'un peu plus il allait casser mes chefs d'œuvre !... Va donc orang-outang.

FRANÇOISE. Hein ! tu dis ?...

GUGUSSE. Je dis : Orang-outang.

FRANÇOISE. Eh bien ! tu vas voir !

PICOTIN. Françoise !... Je vous défends de vous disputer avec cet asteck ! (Ils sortent en murmurant.)

SCÈNE III

GUGUSSE, BALDAQUIN, puis GODEFROY.

BALDAQUIN. En voilà une amazone... Eh bien ! petit... çà a-t-il marché les plâtres, aujourd'hui ?...

GUGUSSE. Pas fort, père Baldaquin..... pas fort. Les grands hommes ne donnent pas du tout... C'est pas pour dire, mais autrefois... les grands personnages se vendaient mieux qu'à présent...

BALDAQUIN. Un peu plus, un peu moins, ça se vend toujours.

GUGUSSE. Et puis vrai !... dans notre métier, il y a trop de déchets ; dès qu'une célébrité surgit, on en fait le modelage, on la coule ; mais avant que le plâtre soit sec : patatras !...

BALDAQUIN, riant. La célébrité s'est coulée elle-même !... Le fait est que si ton patron a modelé les dieux et les demi-dieux de l'année, il doit lui rester un joli stock de rossignols sur la planche.

GUGUSSE. Ne m'en parlez pas !... c'est effrayant... il y aurait de quoi en peupler une colonie !...

AIR : Je mentirai toute la vie.

Aujourd'hui la célébrité,
Que chacun poursuit sur la terre,
N'est plus qu'une chos' passagère ;
Paris est un enfant gâté
Qui brise tout dans sa colère,
Quoi mon p'tit père.
Maint'nant qu'une idol' dure un mois,
Dam, les mouleurs sont peu folâtres,
Tous leurs modèles d'autrefois
Ne peuv'nt plus mêm' se r'vendre au poids
Car nos grands homm's n'étaient qu'emplâtres !
Emplâtres ! Emplâtres !

BALDAQUIN. Le mot est dur...

GUGUSSE. J'aime mieux mes enfants à la vasque et mes cathédrales illuminées... C'est pas joli joli, mais ça se vend toujours ! (Pendant tout cet acte on voit passer au fond quelques promeneurs des deux sexes.)

GODEFROY, cherchant des yeux. Ah ! ça... il n'y a donc pas de commissionnaire ici...

BALDAQUIN. Qui veut voir la lune ?

GUGUSSE, accent italien. Les célébrités du jour, Molière ! Mangin ! Hamburger ! Demandez, notr' bourgeois.

GODEFROY. Fiche-moi la paix, avec tes célébrités de carton... Je te demande un commissionnaire ? As-tu un commissionnaire ?

GUGUSSE. No, signor... mà j'ai le bouste du général Boum ! Virgile, le Dante, Rocamboule, la cathédrale de Milan, l'enfant à la vasque, le soucès de l'année.

GODEFROY, furieux. L'enfant à la vasque ?... cet ignoble moutard en blouse, portant une coquille d'huître sur la tête ; tu appelles ça le succès de l'année ! Mais il est affreux ce crapaud-là... Il est bête, il est lourd, il est gauche !

COUPLET.

AIR du Verre.

Eh quoi ! je trouve encore ici
Cet horrible enfant à la vasque !
Que l'auteur retienne ceci !
C'est nul, c'est laid, c'est gros, c'est flasque.
Ah ! s'il savait, le scélérat,
Combien ce moutard-là m'agace
C'est comm' le soulier d'l'Auvergnat { Bis.
C'est... bête et ça tient de la place ! {

GUGUSSE, accent parisien. Dites donc, vous savez, si ça ne vous plaît pas, faut pas en dégoûter les autres, mon bourgeois !

GODEFROY. Tiens !... c'est comme ça que tu changes d'accent, toi... Tu n'es donc pas italien ?

GUGUSSE. Moi ? c'était une frime ! je suis des Batignolles !

GODEFROY, riant. Ah ! ah ! au fait, je te l'achète ton affreux petit bonhomme... mais à une condition, c'est que tu iras le porter tout de suite...

GUGUSSE. Tout de suite ?... Eh bien, et ma boutique ?

GODEFROY. Je te la garderai. D'ailleurs c'est à côté, rue Dauphine, 14. Tu demanderas madame la baronne Bergamote du Raincy, et tu lui diras que tu viens de chez Barbédienne. — Ah ! attends ! (Il met une lettre dans la statue.) Et surtout fais attention de ne pas laisser tomber mon billet. — Tiens, voilà dix francs, et apporte-moi la réponse.

GUGUSSE. Merci, milord !... J'y cours.

GODEFROY. Dépêche-toi.

ENSEMBLE

AIR : Dans la chambre au fond du couloir.

GUGUSSE.

Monsieur, soyez donc rassuré,
Je m'en vais faire diligence
Comptez sur mon intelligence,
Dans peu d'instants, je reviendrai.
(Il sort.)

GODEFROY.

Pour que je sois bien rassuré,
Il te faut faire diligence,
Mais surtout pas d'extravagance,
Ici même je t'attendrai.

SCÈNE IV

GODEFROY, BALDAQUIN.

GODEFROY, se promenant. Avant-hier, la baronne me dit : Mon cher Godefroy, vous me compromettez... parole d'honneur, vous me compromettez... Je ne vous défends pas de m'écrire, seulement faites-moi passer vos lettres adroitement, soit dans un écrin, soit dans un meuble de chez Tahan, soit dans un bronze de chez Barbédienne... (Souriant.) J'ai flairé une reine Carotte... et voilà le bronze que je lui envoie... Je ne sais pas ce que dira la baronne Bergamote du Raincy... mais je vais bien voir si je suis réellement aimé pour moi-même...

SCÈNE V

GODEFROY, UN MONSIEUR, UNE DAME, TOTO, BALDAQUIN.

BALDAQUIN. Qui veut voir la lune ?

TOTO. Papa, je veux voir la lune.

LE MONSIEUR. Vous êtes encore trop jeune, monsieur Toto, pour surprendre le secret des astres... Je ne me suis permis cette indiscrétion qu'à un âge fort avancé.

LA DAME. Regarde donc, mon ami, quelle charmante petite chose... (Elle désigne la petite cathédrale.)

LE MONSIEUR. C'est une cathédrale, style gothique, avec des effets de lumière dans les vitraux... Cela doit coûter fort cher.

LA DAME. Marchandons toujours.

LE MONSIEUR. Soit ! ça ne coûte rien, et ça amusera Toto. — Où est donc le marchand ?... (Apercevant Godefroy.) Dites donc, jeune homme.

GODEFROY. Hein... quoi ?... Comment ! il me prend pour le marchand de plâtres... — Monsieur !

LA DAME, prenant la Vénus de Milo. Comment appelez-vous cette statue ?...

GODEFROY. Madame, c'est... c'est l'agriculture.

LA DAME. Ah ! c'est donc pour ça que l'on dit toujours que l'agriculture manque de bras ?...

GODEFROY. Vous y êtes, madame. (A part.) C'est une oie...

LE MONSIEUR. Dis donc, bobonne... toi qui désirais avoir le portrait de madame Thierret. (A Godefroy.) Est-ce que dans vos célébrités, vous n'avez pas le portrait de cette artiste ?

GODEFROY. Madame Thierret enfant... voilà. (Il désigne l'enfant à la vasque.)

LE MONSIEUR. Comment ! à cet âge-là, elle était déjà si forte que ça ?...

GODEFROY. Elle enlevait cent cinquante kilos à bras tendus. C'est une édition très-rare... Vous n'en trouverez pas deux comme ça à Paris.

LA DAME. Dis donc, Anasthase... ça ferait joliment bien sur notre étagère, une statue comme ça.

GODEFROY, à part. Est-ce qu'ils ne vont pas me lâcher !

LE MONSIEUR. Et quel est votre prix, jeune homme ? Les objets d'art ne se marchandent pas, mais si c'est abordable...

GODEFROY. Quinze francs...

LA DAME. Toute la boutique ?

GODEFROY. Oh ! madame ! vous êtes trop jolie pour ne pas avoir l'âme bienfaisante, et si vous êtes bonne autant que belle, vous comprendrez ce qu'il nous a fallu, à nous autres, pauvres artistes, de souffrances et de privations pour enfanter des chefs-d'œuvre pareils...

LA DAME, émue. Pauvre jeune homme !

LE MONSIEUR. C'est égal, quinze francs, c'est cher ; votre plâtre est salé.

GODEFROY. Les voilà bien ces bourgeois !... tous les mêmes, des idiots, des crétins ! Oui, monsieur, des crétins ! (Le Monsieur fait un mouvement.) Vous nous insultez parce que nous sommes couverts de haillons ; vous marchandez le fruit de nos veilles et de notre génie... mais le talent a aussi sa fierté... Gardez votre or, monsieur, je n'en veux pas !

LE MONSIEUR. Vous m'attendrissez, jeune artiste. Donnez-moi cet œuvre, et tenez, voilà vingt francs.

GODEFROY. Vingt francs !... Soyez béni, monsieur ! Mes enfants auront du pain ; tenez, prenez-là... et prenez encore cette cathédrale... Et vous, madame... tenez, la déesse de l'agriculture... et puis, emportez ces quelques souvenirs ; ils vous rappelleront vos bienfaits... Tiens, toi, petit, prends Hamburger... (Il lui donne un écorché.)

L'ENFANT. Je n'en veux pas !

GODEFROY. Tu as tort ! il est très-demandé.

LA DAME. Au revoir, mon ami.

LE MONSIEUR. Au revoir, jeune homme !

CHŒUR DE SORTIE.

AIR : Fleur de thé.

LE MONSIEUR, LA DAME et TOTO.

Statuettes sans égales,
Ravissantes cathédrales,
Je les vois sur le buffet...
Dieu, quel effet !
Ah ! quel effet !...

GODEFROY.

Statuettes sans égales
Faites pour de vrais vandales
Achetées pour un jaunet
Quel daim ça fait !...
Quel daim ça fait !...

(Le monsieur, la dame et Toto sortent ensemble.)

SCÈNE VI

GODEFROY, BALDAQUIN.

BALDAQUIN. Eh bien, dites donc?... Vous en faites de bonnes quand vous vous y mettez!... (Il rit.)

GODEFROY. Est-ce que vous vous figurez que j'allais garder ces plâtres-là jusqu'à demain matin?

BALDAQUIN. Vous aviez un bon sérieux en leur racontant toutes vos balançoires.

GODEFROY. Avec ça que vous n'êtes pas aussi sérieux, quand vous racontez vos boniments sur la lune!

BALDAQUIN. Oh! ça, jeune homme, tout ce que je dis, je le pense; et je ne parle qu'après avoir vu... Si, comme moi, vous étiez monté dans l'astre qui nous éclaire, — en ce moment, — vous croiriez aux merveilles que je décris.

GODEFROY. Vous êtes monté dans la lune? (Il rit.)

BALDAQUIN. Aussi vrai que je m'appelle Baldaquin, je suis arrivé jusqu'au mur d'enceinte, mais au moment de mettre le pied sur les rochers qui l'environnent, je suis redescendu, j'avais oublié quelque chose.

GODEFROY, riant. Votre brosse à dents?

BALDAQUIN. Non! pas ma brosse à dents!... Mais j'étais sans armes; et comme je pouvais tomber au milieu de cannibales, d'antropophages, vous comprenez!... Aujourd'hui, j'ai mon revolver, mon couteau catalan, et je ne crains rien.

GODEFROY. Voyons, voyons, sérieusement vous avez trouvé un moyen pour arriver jusque-là!...

BALDAQUIN. Parfaitement... et si vous désirez assister à mon ascension, je pars des Buttes Chaumont, ce soir, à minuit...

GODEFROY. Heure des mystères et des sorciers!... Dites donc, m'en collez une bonne, vous... Vous voudriez me faire croire que l'on peut aller chez la blonde Phébé comme on va chez Bastringuette.

BALDAQUIN. Vous n'avez donc pas lu les voyages extraordinaires de Cirano de Bergerac... de Verne, de Flammarion.

GODEFROY. Non.

BALDAQUIN. Eh bien! moi, pendant trente ans, j'ai compulsé tous les bouquins traitant la question, et convaincu que la chose était possible, j'ai cherché... — oh! pendant longtemps, je l'avoue... — mais enfin j'y suis arrivé; et je vous le répète, ce soir je fais ma seconde ascension.

GODEFROY. En ballon?

BALDAQUIN. Fi donc! Usé, poncif, le ballon!... Je voyage dans une nacelle portée par des cigognes.

GODEFROY. Mais nous tombons dans la Chatte Blanche, c'est de la féerie!

BALDAQUIN. Non pas, c'est simple comme l'œuf de Christophe Colomb.

GODEFROY. Continuez, je bois vos paroles.

BALDAQUIN. Voici. — J'ai dressé douze cigognes que j'attèle à ma nacelle, après les avoir fait jeûner pendant quelques jours. J'attache, au bout d'une ligne, de la nourriture que je suspends, que je balance au-dessus de mes volatiles: Naturellement pour atteindre leur dîner, ils se livrent à une ascension continuelle; et je monte, je monte toujours. De temps en temps, je leur lâche quelques morceaux; puis je relève ma ligne, et grâce à mon truc, je franchis l'espace comme un ressort qui se détend; c'est une course vertigineuse, et c'est ainsi que je prétends faire mon entrée dans cet astre... qui semble me dire de là-haut: Bravo, Baldaquin! Entre la lune et la terre, la fusion est faite.

GODEFROY. Baldaquin, vous êtes beau comme Mélingue!... Baldaquin, vous me donnez envie de la regarder de près, votre lune, voyons... (Il va regarder dans le télescope.)

BALDAQUIN. Attendez... laissez-moi ajouter à ma lunette un verre que je n'utilise que pour moi. (Il met un verre. — La lune, dont on n'aperçoit qu'un quartier, devient pleine tout à coup.)

GODEFROY, regardant. Elle est belle comme un fromage à la crème!... (La lune fait aller ses yeux)... Hein?... j'ai la berlue, il me semble que ses yeux ont remué!

BALDAQUIN. Regardez toujours, jeune sceptique.

GODEFROY. Ah! mais oui... elle me sourit, elle me fait de l'œil!... (La lune exécute tout ce qu'il décrit.) Elle semble me dire: Montez donc, jeune homme, vous ne serez pas de trop... Oh! c'est merveilleux!

BALDAQUIN. Eh bien! doutez-vous encore?

GODEFROY. Baldaquin, je retiens une stalle dans votre nacelle... Combien, aller et retour?

BALDAQUIN. Cinq cents francs. (La lune redevient ce qu'elle était.)

GODEFROY. Voici cinq francs d'arrhes.

BALDAQUIN. Une coupure!

GODEFROY. Oui, je coupe dedans. Et vous attelez vos cigognes?

BALDAQUIN. A minuit, Buttes Chaumont.

GODEFROY. J'y serai.

BALDAQUIN. Mais la réponse à votre lettre.

GODEFROY. Je ne veux pas la connaître... Je veux me détacher des choses de la terre. Tenez, vous donnerez ceci au commissionnaire. (Il va lui donner une pièce de monnaie... Gugusse entre.)

BALDAQUIN. Payez-le vous-même, le voici.

SCÈNE VII

Les Mêmes, GUGUSSE.

GUGUSSE. V'là la réponse. (Il lui donne la lettre.)

GODEFROY, lisant. « Monsieur, vous êtes un » pignouf, mais je suis bonne enfant; j'aime » la plaisanterie et je suis capable de vous » pardonner ce soir, si vous prenez Brébant » pour avocat. Je vous envoie une loge pour » aller au Château d'Eau, voir la revue, » dans laquelle j'ai un rôle très-chic. Je fais » le Bateau-Mouche, avec lequel je suis votre » — Baronne du Raincy. » — Une baronne qui joue le Bateau-Mouche, c'est une crague... Ce n'était pas une baronne du tout; elle s'est moquée de moi comme du citoyen Colin-Tampon!... J'ai été joué!... Eh bien, tant mieux! rien ne me retient plus... — Ah! je suis un pignouf! — Bergamote, vous avez une rivale qui vous a détrônée, et cette rivale la voici. (Il montre la lune.) — Tiens, petit, voilà vingt francs pour toi!... J'ai vendu ta boutique.

GUGUSSE. Vingt francs! pus que ça d'monnaie! En voilà une veine!... (Il sort en chantant.)

Viva l'Italia,
La pâta d'Italia,
Menestre del Farina
Et la Catharina!

GODEFROY. A ce soir, père Baldaquin.

BALDAQUIN. Au revoir, je vais graisser ma nacelle.

ENSEMBLE.

Air: Allons, vieux bavard.

Ah! c'est étonnant,
Ah! c'est surprenant.
Chose peu commune,
Je vais voir la lune.
Vous verrez la
De près, de tout près!
Tâchons d'être prêts
Et nous partirons après!...

BALDAQUIN.
La nuit,
Tous deux sans bruit.
Nous partirons juste à minuit.

GODEFROY.
Je veux,
Puisque je peux,
Voir ça, j'en serai très-heureux.

BALDAQUIN.
A cette nuit!

GODEFROY.
C'est pour minuit!

REPRISE.
Ah! c'est étonnant,
Etc.

(Baldaquin sort à gauche. — Godefroy, en sortant par la droite, se heurte contre Saint-André.)

SCÈNE VIII

GODEFROY, SAINT-ANDRÉ

(Costume de gandin. Il a sur le dos une hotte d'osier, ornée de faveur.)

SAINT-ANDRÉ. Pardon, monsieur. Un peu de feu, je vous prie.

GODEFROY. Comment donc, monsieur. (Il lui donne son cigare.)

SAINT-ANDRÉ, en s'allumant. Oh! mais il est infect, votre panatellas... (Il le jette.) Si vous voulez me permettre de vous offrir celui-ci, il vient du Grand-Hôtel. (Il ouvre un porte-cigares, et lui en offre un.)

GODEFROY. Mille fois trop bon, monsieur, je ne sais si je dois...

SAINT-ANDRÉ. De quoi... vous me refusez... parce que je ne suis qu'un simple chiffonnier... un chevalier du ruisseau, comme on dit.

GODEFROY, le regardant. Comment, vous êtes chiffonnier!... Ah! mais au fait... je n'avais pas vu... cette hotte... ce stick se terminant par un crochet et ces gants peau de chien.

SAINT-ANDRÉ. Dam! vous comprenez que pour aller chiffonner à domicile, nous avons été obligés de transformer un peu notre toilette habituelle.

GODEFROY. Vous chiffonnez à domicile?

SAINT-ANDRÉ. Il a bien fallu, puisqu'on va former une compagnie destinée à nous supprimer complétement de la voie publique... Mais je suis un roublard, moi!... Avec l'impôt sur le papier, dans quelque temps, notre profession s'achètera aussi cher qu'une charge d'agent de change. Et je me suis arrangé avec mes clientes pour conserver la mienne de charge. (Il montre sa hotte en riant.)

GODEFROY. Tiens! tiens!... Mais comme vous dites, vous êtes un roublard, monsieur...

SAINT-ANDRÉ. Je me nomme Grenouillet, mais on m'appelle Saint-André-des-Arts... C'est le nom de la rue que j'ai l'honneur d'explorer... Mes amis me nomment Saint-André tout court, et comme vous me paraissez être un homme du monde... Monsieur...

GODEFROY. Godefroy.

SAINT-ANDRÉ. Godefroy de Bouillon?

GODEFROY. Non, Duval.

SAINT-ANDRÉ. Ah! Je disais bien, Godefroy de Bouillon... Je vous prie d'user de la même familiarité.

GODEFROY. Mille fois trop bon, cher monsieur... on n'est pas plus régence...

SAINT-ANDRÉ. Mais nous sommes tous comme cela... et si vous voulez assister au prochain bal du conseiller des tas...

GODEFROY. D'État.

SAINT-ANDRÉ. Je dis des tas.

GODEFROY, comprenant. Ah! oui... très-bien: Des tas... Sapristi, mon cher monsieur de Saint-André, mais vous êtes aussi spirituel que distingué.

SAINT-ANDRÉ. Nous sommes tous comme cela... Et tenez, voilà justement le baron de a Croix-Rouge et le vicomte Grenelle-Saint-Germain, accompagnés de leurs chargés d'affaires. Je vais vous présenter à eux.

GODEFROY, se regardant. Oh! dans ce négligé. Regardez-moi donc, cher... D'ailleurs on m'attend.

SAINT-ANDRÉ. On vous attend! où cela?

GODEFROY. Dans la lune! (Il s'incline profondément. Croix-Rouge et Grenelle-Saint-Germain entrent.) Messieurs!... (Il salue jusqu'à terre et sort.)

LES CHIFFONNIERS. Monsieur!... (Même jeu.

SCÈNE IX

SAINT-ANDRÉ, DE LA CROIX-ROUGE *et*
GRENELLE-SAINT-GERMAIN

*(Le premier suivi d'un groom, et l'autre suivi
d'un domestique. Ils portent tous des hottes
élégantes. — Quelques promeneurs s'arrêtent
pour les voir et forment groupe.)*

CHŒUR.

AIR : *Rions, chantons.*

Du chiffonnier
Vive le métier!
Plein' d'indépendance,
Oui, notre existence
Sans nul souci,
Se résume... ainsi :
Travail, liberté
Et fraternité.

SAINT-ANDRÉ. Eh bien! De la Croix-Rouge,
quoi de nouveau?

DE LA CROIX-ROUGE. Ne m'en parlez pas, des
ennuis de toutes sortes. Croiriez-vous que ma
femme s'est encore piqué le nez c'matin!

SAINT-ANDRÉ. Comment! vraiment?...

DE LA CROIX-ROUGE. Même que mon domestique a été obligé de la ramener de chez le
mastroquet!

SAINT-ANDRÉ. De chez le mastroquet!... Ah!
Schoking! Si encore c'était dans une maison
convenable... au café Anglais, ou chez Bi-
gnon.

DE LA CROIX-ROUGE. C'est ce que j'y dis tous
les jours... Pique-toi le nez, mais pique-toi le
à domicile, c'est plus comme il faut.

GRENELLE-SAINT-GERMAIN. Eh ben! et moi
donc... Croiriez-vous que mon oncle, le père
Diogène, aime mieux s'expatrier que de renoncer à son ancien métier?

SAINT-ANDRÉ. Que voulez-vous? La nostalgie
de la hotte... ça s'est vu... C'est un arriéré,
il ne comprend rien au progrès... il n'est pas
dans le mouvement, aussi mes amis, suivez
toujours mes conseils, que je vais vous réité-
rer.

I

AIR : *de Marc-Chaulagné.*

Adieu, la hotte déchirée,
La blouse et l'antique crochet,
Notre hotte à nous est dorée,
Ce qui nous donne un fier cachet.
Chiffonniers, quittez vos guenilles,
Au diable jettez vos haillons,
Hier, si vous étiez chenilles,
Aujourd'hui soyez papillons.

TOUS.

Aujourd'hui soyons papillons;

SAINT-ANDRÉ.

Et comme nous portez donc ces bot'es,
Ces hott's, ces bott's, ces bott's, ces hottes
Oui portez ces hottes
Ces bottes,
Vous aurez un excellent ton,
Quittez vos hottes
Et vos vieill's bottes,
Gais chiffonniers, allez-y donc,
Avec nos hottes,
Avec nos bottes,
Chiffonniers transformez-vous donc

REPRISE.

Quittez vos hottes,
Et vos vieill's bottes,
Etc., etc.

II

Examinez cette tournure,
Admirez ce col et ce stick,
Voyez ces gants, cette coiffure,
Tout ça n'est-il pas plein de chic.
Grâce à ce luxe, il est facile
De voir l'amour s'abandonner;
Plus d'un minois au cœur docile,
Par nous se laisse chiffonner.

TOUS.

Par nous se laisse chiffonner.

SAINT-ANDRÉ.

C'est qu'aussi nous avons des bottes
Des bott's, des bott's, des bott's, des hottes
Nous avons des hottes
Des bottes,
Qui nous donn'nt un excellent ton.

Quittez vos hottes,
Quittez vos hottes,
Gais chiffonniers, allez-y donc!

REPRISE.

Quittez vos hottes,
Quittez vos hottes
Etc., etc.

GRENELLE. Eh bien! jamais mon oncle ne
comprendra ça. Il dit qu'il ne peut pas se ré-
soudre à aller chiffonner à domicile et à mettre des gants peau de chien et des cols cas-
sés! *(On entend la voix de Diogène.)* Et tenez,
le voilà à la tête des amis du faubourg
Saint-Germain. *(Tous ont le costume des an-
ciens chiffonniers.)*

SCÈNE X

LES MÊMES, DIOGÈNE, *suivi de plusieurs chiffonniers portant leurs hottes et leurs lanternes ; puis* GORJU, PICOTIN, FRANÇOISE,
GUGUSSE.

DIOGÈNE, *entrant en chantant.*

Mon nom est Diogène,
J'habite la cité,
Et partout je promène
Ma hotte et ma gaîté!...

SAINT-ANDRÉ. Bonjour, père Diogène!

TOUS. Bonjour, père Diogène!

DIOGÈNE. Bonjour les enfants!... *(Il donne
des poignées de main à droite et à gauche).*

GRENELLE, *à son oncle.* Alors, c'est décidé,
vous nous quittez, mon oncle?

DIOGÈNE. Un peu, mon neveu! On ne fera
jamais de moi un sybarite. Oui, je vous quitte;
mais ce n'est pas sans peine, je l'avoue. Quand
on est comme moi chiffonnier de naissance,
et qu'on vous supprime tout d'un coup, on ne
renonce pas comme ça à son cachemire d'o-
sier sans que ça vous fasse quelque chose...
Mais comme je ne veux vivre aux crochets de
personne et que j'ai encore bon pied bon œil,
je vais chiffonner un peu plus loin... en Afri-
que, en Amérique ou en Australie... N'est-ce
pas, vous autres, que vous me comprenez?

TOUS. Oui! oui!

DIOGÈNE. Tu entends.

TOUS. Vive le père Diogène!

DIOGÈNE. Bien, mes enfants; et maintenant,
filons. Laissons le boudoir aux gandins et le
trottoir aux cocottes. C'est pour nous la grande
bataille de la vie, la recherche de la toison
d'or!... Tout le monde est prêt pour la lutte.

LES CHIFFONNIERS. Oui, oui.

GUGUSSE. Ils ont tous leur giberne.

DIOGÈNE. Alors, en route!... Adieu, garçon;
adieu, sapeur.

PICOTIN. Adieu, père Diogène. Bonne chance.

DIOGÈNE. Avec Amanda je suis sûr de faire
fortune.

PICOTIN. Amanda... qu'est-ce que c'est que
ça?

DIOGÈNE. Ça! c'est la compagne de mes jours
et de mes nuits, ma vieille hotte... qui ne me
quittera jamais,

AIR du *Sabre de mon père.*

(Grande-Duchesse.)

PREMIER COUPLET.

C'était la hotte de mon père,
Pal'tot d'hiver, pal'tot d'été,
Elle a partagé ma misère,
Elle a partagé ma gaîté.
Chiffons, galons, gloire éphémère,
Tout dans ma hotte était jeté
Et je trouvais, à fleur de terre,
Ma pot-bouille et ma liberté.
C'était la hotte, la hotte, la hotte,
C'était la hotte! la hotte de mon père.

TOUS.

C'était la hotte, la hotte, la hotte,

DIOGÈNE.

Je lui devais ma liberté

TOUS.

Il lui devra sa liberté.

2e COUPLET.

Adieu! vers une autre patrie,
Je pars, oui, je prends mon essor.
Je vais dans la Californie
Fouiller la terre où pousse l'or.
Et quand j'en aurai plein ma hotte,
Je reviendrai dans nòtr' cité,
Vivre d'amour et de gib'lotte,
Et je n' s'rai jamais *député.*
J'emport' la hotte, la hotte, la hotte,
J'emport' la hotte, 'a hotte de mon père

TOUS.

Emport' la hotte, la hotte, la hotte,

DIOGÈNE.

Je lui devrai ma liberté! *(Bis.)*

TOUS.

Tu lui devras ta liberté!
Emport' la hotte, la hotte, etc.

*(Les Chiffonniers lèvent leurs lanternes en l'air
et accompagnent Diogène en criant:*
Vive le père Diogène! Vive le père Diogène!
(Tableau très-animé.)

RIDEAU.

ACTE II

DEUXIÈME TABLEAU

—

LA REVUE COMIQUE.

—

Le théâtre représente l'intérieur des bureaux de
rédaction de la *Revue comique.*

SCÈNE PREMIÈRE

QUATRE REPORTERS. *(Au lever du rideau
les Reporters entrent. Deux sont en chasseurs
deux en pécheurs.*

CHŒUR.

AIR *Bitte et Bosse.*
La disette
La plus complète
Oui, mes amis,
Règne sur tout Paris.
Pas de veine,
Cette semaine,
Notre journal
Ne peut qu'être banal!

PREMIER REPORTER, *montrant l'affiche de la
Dégringolade.*

La déveine est des plus complètes,
Paris n'a plus un accident,
Pas même une femme à deux têtes
A se mettre, hélas! sous la dent.
Le journalisme est bien malade!
N'avoir pu trouver que cela!
Pour nous quelle dégringolade!
Le triste avenir que voilà!

REPRISE.

La disette
La plus complète,
Etc.

PREMIER REPORTER. Voilà tout ce que nous
avons trouvé comme actualité... l'affiche-ré-
bus de *la Dégringolade*... une réclame.

DEUXIÈME REPORTER. Voilà le plus grand évé-
nement de l'année : la dé-grin-go-la-de! *(On
rit.)*

TROISIÈME REPORTER. Il n'y a pas de quoi
rire!... Si vous croyez que c'est avec cette
charade que la patronne remplira son prochain numéro... Moi, j'en doute...

DEUXIÈME REPORTER.

AIR : *Fontaine, je ne boirai pas de ton eau
(Nabucho).*

On fait ici de la patronne
Un tableau toujours effrayant;
Si quelquefois elle... bougonne,
Elle sourit le plus souvent.

Mais, admettons qu'elle nous gronde,
Nous lui répondrons à cela:
Le plus beau reporter du monde { Bis.
Ne peut donner que ce qu'il a!

DEUXIÈME REPORTER. D'ailleurs, *la Revue comique* ne peut pas inventer des actualités pour faire plaisir à ses lecteurs!... A l'impossible nul n'est tenu!

SCÈNE II

LES MÊMES, LA REVUE COMIQUE.

LA REVUE COMIQUE, *entrant.* Halte là! messieurs...

TOUS. La patronne!

LA REVUE. Qui de vous ose dire que quelque chose est impossible à la Revue comique. Ne l'oubliez pas, messieurs les reporters... j'ai promis à mes abonnés un numéro dans lequel la plume et le crayon retraceront les drôleries de l'année... et je tiens à m'exécuter, ou plutôt à exécuter les autres. (*Au premier Reporter.*) Que rapportes-tu, toi?...

PREMIER REPORTER, *montrant l'affiche.* Ça!... et ce n'est pas peu dire!...

LA REVUE. Oh toi! tu n'es pas difficile sur le fretin que tu apportes. On voit bien que je te paye à la ligne! (*Elle montre la ligne qu'il porte. On rit. Au deuxième reporter*) Et toi, qui es chargé des entrefilets, qu'as-tu pris entre les tiens?

DEUXIÈME REPORTER, *ouvrant un filet.* Des brochures... (*Il les montre.*)

TOUS. Ah!...

LA REVUE. Des brochures!... (*Lisant.*) Ma disculpation, ma confession, mon plaidoyer, toujours la même chose.

DEUXIÈME REPORTER, *riant.* Depuis quelque temps c'est la marotte de tous les auteurs en général... et en particulier,

LA REVUE, *les jetant dans la cheminée.* Au feu! au feu!

PREMIER REPORTER. Vous les brûlez!

LA REVUE.
Air : *des Cinq odes.*
Si tous les effets ont leurs causes
Pourquoi noircir tant de papier
Pour nous parler d'un tas de choses
Que chacun voudrait oublier ; (*bis*)
La blessure est encor trop vive...
Faux politiques, faux soldats
Faites, faites votre lessive } Bis.
Non, vous ne vous blanchirez pas!
(*On entend une dispute dans la coulisse.*)

DEUXIÈME REPORTER. Qui donc se chamaille ici?

TROISIÈME REPORTER. Ce sont les quelques actualités que nous apportons... (*Allant à la porte.*) Allez-vous vous taire là, ou je tape dans le tas!

LA REVUE. Dans le tas!... dans le tas!... Il y en a donc beaucoup?...

PREMIER REPORTER. Beaucoup plus que nous ne pensions.

QUATRIÈME REPORTER. Ah! ils sont au moins trois ou quatre!... mais ils font du bruit comme dix.

LA REVUE. Trois ou quatre... Et vous voulez que je fasse la revue de l'année avec trois ou quatre actualités!... C'est maigre, et l'on dira que je n'ai pas rempli mon programme... que voici :

Air des *Bavards.*
1
Drôlatique, satirique,
Je suis la Revu' comique ;
Aimez-vous l'original
Vite achetez mon journal!
Parisienne au fond de l'âme
Pour un rien moi je m'enflamme
Et pour éviter l'ennui
Je ris aux dépens d'autrui.
Comme une guêpe en fureur
Je bourdonne et puis je pique...
J'ai pour arme la critique
Fustiger, c'est mon bonheur!
Garde à vous! (Bis.)
La Revu' comique
Pique!
Vaniteux, menteurs et fous
Garde à vous, garde à vous!

II
A tous les sots de la terre
Oui j'ai déclaré la guerre,
Et de ce fouet que je tiens.
Je frappe les Béotiens,
Certains hommes politiques
Me sont-ils peu sympathiques?
Au grand jour c'est convenu
Vite je les mets à nu.
Bref, je crois à mon succès,
Car j'ai pour second moi-même
Un esprit partout qu'on aime...
J'ai nommé l'esprit français!
Garde à vous !
Etc.

REPRISE.
Garde à vous !
Etc., etc.

LA REVUE. Et les théâtres, sont-ils convoqués?

DEUXIÈME REPORTER. Ils ont tous reçu l'assignation de comparoir devant votre tribunal.

PREMIER REPORTER. Et les accusés sont très-nombreux !...

QUATRIÈME REPORTER. Un seul a échappé à nos recherches.

LA REVUE. Lequel?

SCÈNE III

LES MÊMES, MOUJAVA.

MOUJAVA, *entrant par la fenêtre.* Cachez-moi... il est sur mes traces... il me poursuit... il va m'atteindre... Ah! le voillà!!!
(*Il sort en courant.*)

DEUXIÈME REPORTER. Mais c'est lui... je l'ai reconnu...

LA REVUE. Qui ça, lui?

TROISIÈME REPORTER. Celui que nous n'avons pas pu trouver, le peau-rouge de Saint-Quentin.

PREMIER REPORTER. Du théâtre des Variétés.

LA REVUE. Ah! bah!

DEUXIÈME REPORTER. C'est un peau-rouge! je l'ai pris pour un métis!

TROISIÈME REPORTER. A cause donc?

DEUXIÈME REPORTER. Parce qu'il n'y a que les races croisées qui se permettent d'entrer par les fenêtres.

TOUS. Ah! ah! (*Ils rient.*)

LA REVUE. Tu le donneras à Calino, celui-là... Tiens, mais où est-il donc, Calino?

PREMIER REPORTER. Votre domestique a donné sa démission ce matin.

DEUXIÈME REPORTER. Et voilà sa livrée. (*Il la montre.*)

LA REVUE. Comment, ce Jocrisse m'a quittée?

DEUXIÈME REPORTER. Ayant appris que le droit postal allait être plus élevé, il a été faire une râfle de tous les timbres-poste à 20 centimes qui restaient à Paris.

LA REVUE. Pourquoi ça?

TROISIÈME REPORTER. Pour les revendre cinq sous demain, parbleu!...

TOUS, *riant.* Ah! ah! est-il bête, ce Calino!

PREMIER REPORTER. On peut même ajouter qu'il était d'un idiotisme rare!...

LA REVUE. Il était idiot, je le sais bien; mais ses niaiseries ne me déplaisaient pas. Maintenant, messieurs, avant de me présenter vos actualités, allez-en faire un triage soigné, et vous ne laisserez entrer que celles qui seront étrangères à la politique. Allez, messieurs.

CHOEUR.
Air: *du Champ de bouteilles.*
Allons, assez de bavardage
Il faut commencer illico...
Surtout faisons bien le triage
Pour avoir un bon numéro.
(*Le troisième et le quatrième Reporter sortent.*)

SCÈNE IV

LA REVUE, PREMIER REPORTER ET DEUXIÈME REPORTER , puis MOUJAVA.

LA REVUE, *à ses deux Reporters.* Et vous, messieurs, taillez vos plumes et aiguisez vos crayons. Vous l'avez entendu, nous n'avons que trois ou quatre actualités à nous mettre sous la dent! Je ne vous défends pas de mordre... au contraire.

MOUJAVA, *dégringolant dans la cheminée.* Sauvez-moi!... Il me poursuit, il va m'atteindre!

LA REVUE. Qui ça?

MOUJAVA. Mon maître! mon bon maître! Il est dans la cheminée... avec son notaire.

LA REVUE. Comment, j'ai un notaire dans la cheminée!... (*Aux Reporters.*) Ma parole d'honneur, c'est d'une négligence incroyable!... Vous laissez traîner comme ça les notaires dans les cheminées, maintenant!

DEUXIÈME REPORTER. Je n'y comprends rien, elle a été ramonée la semaine dernière!

PREMIER REPORTER. Il était resté dans la cheminée!... Ah! j'y suis!... ce notaire, est un savoyard.

MOUJAVA. Je me suis pourtant donné assez de mal..., Quand mon bon maître se cachait dans une cheminée, je le suivais dans la cheminée!... Quand il entrait dans un salon...

LA REVUE. Tu le suivais dans le salon!... et tout le temps comme ça!...

MOUJAVA. Tout le temps!...

LA REVUE.
Air : *Tic et Couic.*
Sortir d'une cheminée,
Pour entrer dans un salon...
Rentrer dans la cheminée,
Pour s'éloigner du salon...
Puis encor la cheminée !
Puis encore le salon!
C'était trop de cheminée
Et l'on a trouvé ça... long!
Le public se fit hostile
Car il était (*ter*) irrité
De voir dans un vaudeville
Aussi peu de (*ter*) variété.

MOUJAVA. Je crois que j'entends mon bon maître qui fourgonne encore dans la cheminée... avec sa malle!...

LA REVUE. Ah! ça, que crois-tu qu'il veuille te faire?

MOUJAVA, *éclatant.* Il veut me reforcer à jouer la pièce avec lui et son notaire!

LA REVUE. Tu crois qu'il serait aussi cruel que cela. (*Un reporter lui donne une veste rouge et un tablier blanc.*) Tiens, endosse cette livrée, il ne te reconnaîtra pas. (*Au public.*) Il remplacera Calino!

MOUJAVA. Et ma houppe! il faut couper ma houppe!

LA REVUE. Non pas! je m'y oppose, c'est la seule chose amusante de ton rôle... (*Lui donnant un plumeau.*) Tiens, voilà pour remplacer ta massue...

MOUJAVA. Je pourrai dire des bêtises.

LA REVUE. Autant que tu voudras, et je te donnerai une prime à la plus grosse! Et maintenant va ouvrir la porte, Moujava.

MOUJAVA. Et je n'ai plus besoin de parler comme ça! (*Il imite Lesueur.*)

LA REVUE. Non!

MOUJAVA. Ah! j'aime mieux ça, ça me fatiguait.

LA REVUE. Et moi aussi.

MOUJAVA, *annonçant.* Le Pavé! le Macadam! et la Crise monétaire!

LA REVUE. Non! non! ils sont trop ennuyeux.

DEUXIÈME REPORTER. Vous avez raison, patronne.

PREMIER REPORTER. De qui diable pourriez-vous parler?

SCÈNE V

LES MÊMES, LA ROULETTE.

LA ROULETTE, *entrant.* De moi!

LA REVUE. De moi?

LA ROULETTE. Oui, de moi, la Roulette.

TOUS. La Roulette

LA ROULETTE.

AIR : *des Brigands.*
Qui, parlez de la Roulette,
Et je crois, vous ferez bien
Tous les joueurs me font fête,
Sans moi pour eux il n'est rien !
Car je sais charmer la foule
Et j'ai de l'or pour appas.

TOUS.
Elle sait charmer la foule,
Elle a de l'or pour appas.

LA ROULETTE.
Gentille Roulette, roule, } *Bis.*
Roule, roule avec fracas.

TOUS.
Gentille Roulette, roule,
Roule, roule, avec fracas.

II
LA ROULETTE.
Auprès de moi l'on oublie ;
Je suis la distraction,
Je suis l'espoir, la folie,
On m'aime avec passion,..
C'est le serpent qui s'enroule
Qui tient et ne lâche pas !

TOUS.
C'est le serpent qui s'enroule,
Qui tient et ne lâche pas !

LA ROULETTE.
Gentille Roulette, roule, } *Bis.*
Roule, roule avec fracas!

Reprise.
Gentille Roulette, roule,
Roule, roule avec fracas !

LA REVUE. Et d'où venez-vous de ce pas?

LA ROULETTE. De Spa... j'en arrive... on ne veut plus de moi! On m'envoie rouler ailleurs.

DEUXIÈME REPORTER. Comment, on vous chasse?...

PREMIER REPORTER. On vous renvoie!

LA REVUE. Vous, la Roulette... la reine des jeux! Vous qui faites couler le Pactole dans les pays où vous régnez sans partage!

LA ROULETTE. Oui, ma bonne Revue Comique, moi qui étais choyée, adulée, courtisée... par une foule d'adorateurs, de tous âges et de tous pays,.. me voilà décavée. à mon tour! Ni-i ni, c'est fini! je passe la main!

AIR : *La Vie Parisienne.*
Oui, ma vogue s'est altérée,
Mon horizon s'est rembruni,
Je ne suis plus la préférée,
Hélas! ni-i, ni, c'est fini !
Mais en regardant la ronde,
Tout passe et finit par changer;
Puisque c'est la loi de ce monde,
Je m'y soumets sans trop rager ! C'est étrange ! (*Bis.*)
Tout passe, tout change ! (*Ter.*)
Cric, crac, et allez donc,
Le cœur plein d'abandon!
Oui, passons donc, oui, changeons donc!
Cric, crac, et allez donc,
Passons donc, changeons donc,
Dig, digue, digue, digue, digue, don.

Reprise.
Tout passe, tout change !

LA REVUE. Et vous ne savez pas encore où vous allez vous fixer?

LA ROULETTE. Est-ce que je me fixe, moi, la Roulette!.. Je vais, je marche, je roule... mais je ne me fixe jamais !... cependant si je pouvais louer une campagne aux environs de Paris !...

MOUJAVA. Aux environs de Paris... J'irai vous voir! Et comme on dit que ça porte bonheur, je passerai par la Villette.

LA ROULETTE. Il est bête comme un pot, votre domestique.

MOUJAVA, *fièrement.* Un pot; j'en suis un, madame, je suis le pot rouge de Saint-Quentin !

LA ROULETTE. Ainsi c'est dit... n'est-ce pas. Vous allez me faire une gentille petite réclame pour que l'on me supporte quelque temps en France. Oh ! je sais bien que vous allez crier... discuter... vous parlerez d'immoralité... tout ça, c'est de l'enfantillage...' Allons, je compte sur vous.

LA REVUE. Permettez, je n'ai pas dit...

DEUXIÈME REPORTER. Elle est très-alléchante cette petite Roulette... et je comprends qu'on risque un louis ou deux sur elle.

PREMIER REPORTER. D'autant plus qu'elle a un double zéro... qui est bien tentant!...

LA ROULETTE. Vous ne voulez pas vous enrichir? adieu.. Je vais chercher quelqu'un de moins sévère que vous et de moins scrupuleux. — au revoir.

REPRISE.
Gentille roulette roule,
Roule, roule avec fracas.

SCÈNE VI

LA REVUE, MOUJAVA, LES REPORTERS, *puis* CARAMBA.

MOUJAVA. Comment on vous propose de vous enrichir... et vous ne voulez pas ! mais moi, madame, moi, j'ai des économies, et si j'étais sûr de gagner seulement cent mille francs... je les risquerais!

CARAMBA, *entrant. Il a un costume espagnol et porte un lingot d'or sous le bras.* Vous voulez gagner cent mille francs... vous voulez être sûr de vous enrichir !... prenez-moi ça, jeune homme...c'est votre fortune, Caramba. (*Il montre des papiers.*)

LA REVUE. Quel est ce faux Espagnol?

CARAMBA. Moi, un faux Espagnol, moi l'inventeur des galions de Vigo!

TOUS. Les galions de Vigo?

MOUJAVA. Qu'est-ce que c'est que ça?

CARAMBA.
Air : Il y a des gens qui se disent Espagnols.
C'est une superbe entreprise !
Voilà, voilà mes galions !
Voulez-vous tripler votre mise,
Prenez, prenez mes actions.
Vous trouverez là, je le gage
Des lingots d'or à chaque pas...:
Bien que basé sur un naufrage
L'affaire ne sombrera pas !

Y a des gens qui blagu'nt les Espagnols,
Mais ils n' connaiss'nt pas les Espagnols,
S'ils connaissaient mieux les Espagnols,
Ils n' blagu'raient pas tant les Espagnols !

REPRISE.
Il y a des gens, etc.; etc,

PREMIER CHRONIQUEUR. Et qu'est-ce qui a découvert ça?

CARAMBA. Moi, Caramba! Un jour que je me promenais au fond de la mer, je butte contre quelque chose... je regarde, je ramasse ça. (*Il montre le lingot.*)

LA REVUE. Un lingot?

CARAMBA. En or massif!... Je regarde attentivement à l'entour de moi... j'en vois dix... j'en vois vingt... Toute la mer en était pavée!.. et le plus petit vaut deux cent mille francs... Du reste, voici un échantillon. (*Il le montre*)

MOUJAVA. On peut toucher? (*Il veut le prendre.*)

CARAMBA. A bas les pattes !... Alors, en consultant mes souvenirs, je me suis rappelé que tous les galions qui apportaient en Espagne, il y a trois ou quatre cents ans, tout l'or de l'Amérique, avaient sombré là, dans la baie que j'explorais.

LA REVUE. Dans la baie de Vigo?

CARAMBA. Parfaitement! et comme je veux que tout le monde en profite, j'ai émis des actions pour acheter des appareils à plongeur.

LA REVUE. Et ce sont vos actionnaires que vous mettrez dedans.

CARAMBA. Naturellement. Ils verront que je ne suis pas un banquiste... un Mangin, un charlatan! Je ne viens pas sur cette place pour vendre... des galions en papier doré ou en carton-pâte... Non messieurs... Les galions de Vigo sont de beaux et véritables galions, contenant des lingots contrôlés et vérifiés par la monnaie. (*Il tape sur son lingot*). Des lingots sans alliage et sans fraude... Mettez l'article en main. Messieurs, tout est vrai, tout est pur, tout est beau ! À qui t'encore un lingot, Caramba ! (*En tapant sur son lingot, le couvercle s'enfonce; il en sort un canard.*)

(*Pendant cette scène, Caramba tend son lingot, tantôt à la Revue, tantôt à Moujava. — Toutes les fois que ceux-ci veulent y toucher, Caramba le passe de l'autre côté.*)

TOUS. Un canard!

CARAMBA. Je suis toisé!

MOUJAVA. Oùs qu'est ma massue!

LA REVUE.
Air : Chico-Chico.
Si vous me prenez pour arbitre,
Au lieu des galions... de Vigo,
A mon avis, votre vrai titre,
Doit être les galions de... nigaud,
Nigaud. (*ter.*)
Je le proclame,
Sur mon âme,
Nigaud,
Sans embargo,
Peut se confondre avec Vigo!

Reprise.
Nigaud !
Etc.

PREMIER REPORTER.
La race des nigauds prospère,
On en rencontre tous les jours,
Combien de gens sur cette terre,
Qui sont et qui furent toujours
Nigaud ! (*ter.*)

Reprise.
Nigaud !

CARAMBA.
Vous qui raffolez de la femme,
Pour ses cheveux et sa fraîcheur,
Neuf fois sur dix, je te proclame,
Qu'êtes-vous aux yeux du coiffeur?
Nigaud! (*ter.*)

Reprise.
Nigaud !

DEUXIÈME REPORTER.
Un jour, vous courez à la Bourse
Poussé par la soif de l'argent,
Vous jouez, et de cette course,
Vous revenez, le plus souvent,
Nigaud! (*ter.*)

Reprise.
Nigaud !

MOUJAVA.
De Putiphar lorsque la femme
De Joseph saisit le manteau,
En se sauvant de cette dame,
Que fut Joseph ? Un vrai nigaud,
Nigaud! (*ter.*)
Je le proclame,
Sur mon âme,
Nigaud,
Sans embargo,
Doit se confondre avec Vigo

LA REVUE. Sur ce, monsieur Caramba, au plaisir de ne pas vous revoir !

MOUJAVA. Et bien des choses à vos galions... de nigaud...

CARAMBA. Caramba!

Reprise.
Nigaud ! (*ter.*)
Je le proclame
Sur mon âme,
Etc.

(*Caramba sort, accompagné des huées de tout le monde. Il est furieux.*)

SCÈNE VII

LES MÊMES, *moins* CARAMBA.

LA REVUE. Tu vois, Moujava... voilà ce qu'il y a au fond de toutes les réclames et des annonces pompeuses: un canard !

DEUXIÈME REPORTER. Et tous les pigeons s'y laissent prendre !

MOUJAVA. Et dire que j'ai failli mordre à l'hameçon, Caramba... Si vous m'en croyez, madame la Revue, nous ne recevrons plus personne !

PREMIER REPORTER. C'est ça !

MOUJAVA. Et pour commencer, je vais barricader la porte. Justement voilà quelqu'un. (*Bruit de voix dans la coulisse.*)

SCÈNE VIII

LES MÊMES; MADELEINE, *puis* OSTENDINETTE

MADELEINE. Mais puisque je vous dis que je veux parler à vot' patronne. (*Repoussant Moujava et entrant.*) Est-il déplaisant, c't orang-outang ! Barre pas le chemin, larbin !... où j'vas t'tomber su l'casaquin !

PREMIER REPORTER, *riant.* Ah ça, le faubourg Saint-Germain s'est donc donné rendez-vous ici ?

DEUXIÈME REPORTER, *même jeu.* Faut croire !

LA REVUE. Vous désirez... madame ?...

MOUJAVA. Oui, au fait !... qui êtes-vous, vous ?

MADELEINE. Qui que je suis ? V'là mon alibi... mon bibi.

Air nouveau de DIACHE.

Je suis écaillère,
J'ai dans ma cloyère
Ma fortune entière :
C'est tout mon magot !
Comm' particulière,
Je ne suis pas fière...
Mais comme écaillère
J'ai l' droit d' parler haut !
Sur l' carreau d' la halle
J' n'ai pas de rivale
Pour dire : Oh ! c' te balle !
Au bourgeois r'gardant.
Mais s'il n'est pas chiche,
Et si le godiche,
Commande un' bourriche,
J' l'appell' mon sultan !
Souvent un gandin qui passe,
S'approche et m' glisse avec grâce :
à L' joli bras qu' vous avez là ! (*Bis.*)
« Combien qu' vous vendez la paire ? »
— Pass' ton ch'min p'tit dromadaire,
T'es pas assez rich' pour ça ! (*Bis.*)
Je n'aim' pas la pacotille,
J' gagn' ma dot qui s'ra gentille,
J' veux un mari garanti. (*Bis.*)
J' porte avec moi ma boutique
Et j'attire la pratique,
En chantant comm' la Patti : (*Bis.*)

(*Criant.*) A la barque ! à la barque ! à la barque ! En v'là de l'ut de poitrine... Qu'est-ce qu'en veut ? j'en ai d'trop ! Eh bien, qu'elles y viennent donc sur l'carreau d' la halle, toutes vos belles chanteuses de l'Opéra !... On verra voir qui qui criera l' plus fort !... C'est moi qui donn'rai le diapason...et le v'là le diapason. (*Criant.*) A la barque ! à la barque ! à la barque !

Je suis écaillère,
J'ai dans ma cloyère
Ma fortune entière :
Etc.

LA REVUE. Mais enfin de quoi s'agit-il ?... car je ne suppose pas que ce soit pour vous faire une réclame que...

MADELEINE. Une réclame, moi !... Je suis venue pour une chose bien plus importante que tout ça... Je veux que vous fassiez un article.

LA REVUE. Sur quoi ?

MADELEINE. Sur les huîtres... qui deviennent de plus en plus inabordables.

MOUJAVA. Comment les huîtres ?

MADELEINE. Tais-toi, Iroquois !... (*A la Revue.*) Oui, madame, sous le prétexte qu'elles ont été élevées dans des parcs, ces demoiselles font les renchéries... Oui... et si ça continue, faudra l'être myonnaire pour s'en offrir seulement une demi-douzaine !

OSTENDINETTE, *entrant.* Qui donc prétend que nous sommes inabordables ici ?

PREMIER REPORTER. Ce n'est pas moi, charmante Ostendinette.

DEUXIÈME REPORTER. Oh ! mais elle est très-gentille, cette petite huître-là...

MOUJAVA. Je la goberais bien, moi, si elle voulait... (*Il veut lui prendre la taille.*)

MADELEINE. Touche pas, vilain gas... Tu vas défraîchir ma marchandise ! et au prix où est le beurre !

OSTENDINETTE. Tiens !... nous sommes bien libres de les augmenter nos prix... D'abord, nous n'allons que dans les palais, nous n'y restons pas longtemps, c'est vrai... mais nous y passons toujours.

LA REVUE. Tiens, tiens, pour une huître, elle n'est pas trop bête, la petite...

MOUJAVA. Elle a fait un mot : nous le citrons.

MADELEINE. Enfin, c'est pas tout ça... mademoiselle Ostendinette. Oui ou non, voulez-vous rabaisser vos prétentions ?

OSTENDINETTE. Non, non, non !

MADELEINE. Mais vous voulez donc me mettre sur la paille !

OSTENDINETTE. Dans vos bourriches, nous y sommes bien, nous, sur la paille !

MADELEINE. Vous êtes une huître.

OSTENDINETTE.

Air de *Marianne.*

Oui, je suis huître de naissance,
Mais pas aussi bête, ma foi,
Que des gens de ma connaissance
Qui sont bien plus huîtres que moi !
Si sur mon zèle
On prend modèle,
Se transformant, les huîtres, en un mot,
Feraient leurs têtes,
Seraient moins bêtes,
Et d'ici-bas disparaîtraient bientôt.
N'être plus huître, c'est notoire,
Oui, voilà notre ambition !
Pour les huîtres, l'instruction
Doit être obliga toire. (*Bis.*)

MADELEINE. Faudra-t-il pas bientôt les servir dans des écrins ?

OSTENDINETTE. Pourquoi pas ; vous y mettez bien les perles que vous trouvez quelquefois dans nos coquilles.

MOUJAVA. Ah ! par exemple !... Voilà une chose que je ne savais pas... Comment, les huîtres sont des corps à perles !

LA REVUE. Tais-toi donc, animal !... Vous avez tort de faire la renchérie, mademoiselle Ostendinette, car quoi que vous en disiez, les huîtres ne sont pas si rares que cela... Demandez plutôt à Moujava. (*Tout le monde rit.*)

PREMIER REPORTER. Attrape, c'est bien fait !

MOUJAVA, *à Madeleine.* Dites donc, pourquoi donc me regardez-vous comme ça, l'écaillère ?

MADELEINE. De quoi, est-ce que tu te figures m'intimider, toi ; approche donc, moricaud, que je t'enjolive la peau. Est-il assez laid, l' coco ! Demande à la halle des renseignements sur Madeleine, la belle écaillère, et tu verras ce qu'on te dira, scélérat !

Air de *la Vigneronne de Suresne.*

Veuillez examiner mon buste,
Voyez mon bras, il est dodu,
Je suis une fille robuste :
J'enlève un homme à bras tendu !
Quand j' suis bégueul', c'est pour la frime,
Comme on dit, j'ai l' cœur sur la main !
C'lui qui m' prendra pour légitime,
Ne s'ra pas volé, c'est certain !
A quoi bon faire sa tête,
En avant le rigodon !
Moi, j' suis à la bonne franquette,
Viv' la joie ! — et allez donc !
Ah ! ah ! ah !
Dig et don
Ah ! ah ! ah !
En avant le rigodon !
V'là mon caractère,
C' n'est pas un mystère ;
Oui, v'là l' caractère
De Mad'leine l'écaillère.

On entend la voix de Gargotard qui crie :

L'écaillère... madame l'écaillère.

MADELEINE. La voix du père Gargotard... le restaurateur du coin... Je me sauve ! Ainsi c'est convenu, madame la Revue comique... vous écrirez un article sur mes pensionnaires.

OSTENDINETTE. C'est ça... et je fournirai les coquilles à vos correcteurs !... Au revoir.

TOUS. Au revoir.

Reprise ensemble.

Ah ! ah ! ah !
En avant le rigodon !
Etc.
(*Madeleine et Ostendinette sortent.*)

SCÈNE IX

LES MÊMES, GARGOTARD.

GARGOTARD, *à la porte.* Madeleine !... Mad'... (*On lui ouvre.*) Tiens, je croyais qu'elle était ici... il m'avait semblé entendre sa voix... Au fait, elle serait venue m'ouvrir.

LA REVUE, *riant.* Est-ce en qualité d' écaillère qu'elle serait venue vous ouvrir ?

GARGOTARD. Comment, en qualité de... Ah ! je comprends, c'est ce que vous autres journaux légers appelez un mot... et c'est avec ces pasquinades-là que vous abrutissez les peuples. (*Il hausse les épaules.*)

LA REVUE, *à part, aux Reporters.* Oh mais, c'est un joli raseur... ce bonhomme-là !

PREMIER REPORTER. C'est un empêcheur de danser en rond...

GARGOTARD. Et voilà ce qu'on appelle la littérature ! et c'est avec cet esprit-là que l'on espère régénérer le monde... Enfin ! (*Il va pour sortir.*)

DEUXIÈME REPORTER. Oh mais, dites donc... vous êtes un type éclos cette année...

LA REVUE. Vous êtes un régénérateur !...

GARGOTARD. Comment, un régénérateur ?

LA REVUE. Parfaitement !... Un de ces prud'hommes qui, sous le prétexte de régénération, voudraient arracher les grelots de notre vieille gaieté française — et faire une férule de sa marotte pour en frapper tout ce qui est jeune, tout ce qui est gai, et tout ce qui chante !

GARGOTARD. C'est possible ; mais je ne comprends pas le journalisme comme vous, et la preuve, c'est que moi aussi... j'ai fait un journal.

LA REVUE *et ses* REPORTERS. Vous ?

GARGOTARD. Pourquoi pas ? Est ce que vous vous figurez... qu'un restaurateur n'est pas capable de fabriquer une feuille de chou ?

LA REVUE. Et même de l'assaisonner... parfaitement.

GARGOTARD. Je ne parle pas que le latin de cuisine, madame... et si vous lisiez mon journal.

LA REVUE. Non, là, réellement... vous cumulez ? Vous êtes aussi bon journaliste que restaurateur... vous troussez un article avec la même facilité que si vous troussiez un poulet ?

GARGOTARD. La même chose.

LA REVUE. Oh ! mais alors... vous êtes un grand homme !... un génie... une merveille !...

GARGOTARD. Je sais... je suis très-fort... voilà tout. (*On entend crier :* M'sieu Gargotard ! M'sieu Gargotard ! *Allant à la croisée.*) Qu'y a-t-il !

LA VOIX. On vous apporte les épreuves.

GARGOTARD. Des épreuves... Faites monter (*A la Revue.*) Si vous doutez de mes articles... vous allez pouvoir les apprécier. Voici mes dernières élucubrations,

SCÈNE X

LES MÊMES, un CUISINIER, *puis un* APPR ENT IMPRIMEUR.

LE CUISINIER, *remuant une casserole.* On attend les huîtres pour la sauce marinière ; patron !

LA REVUE. Comment... c'est là votre dernier article. (*Elle rit.*)

GARGOTARD. Laissez faire... où sont les épreuves de ce matin?

LE CUISINIER. On les monte, patron... Pendant que je rédige votre mayonnaise... on donne le dernier tour de broche à votre chronique.

L'APPRENTI, *entrant.* Voilà le sommaire de vot' journal... mon bourgeois... Du Hanneton politique.

LE CUISINIER, *tendant sa cuiller.* Et tenez... si vous voulez corriger cet article là... Je crois qu'il manque un peu de sel.

LA REVUE. Et vous ne vous embrouillez pas au milieu de tout ça!

GARGOTARD. Lisez votre sommaire, mon jeune ami... et vous, Fouillopot, lisez-moi la carte du jour.

L'APPRENTI, *lisant.* Sommaire des articles, menu politique.

LE CUISINIER. Carte du jour, menu culinaire.

L'APPRENTI. Premier article : Les Réformateurs du XIXe siècle.

LE CUISINIER. Goujons frits.

L'APPRENTI. Fleurs de lis et Poule au pot.

LE CUISINIER. Canard à la béarnaise.

L'APPRENTI. La révision des grades!

LE CUISINIER. Épinards aux croûtons!

L'APPRENTI. Le congrès des bas-bleus.

LE CUISINIER. Salmis de bécasses.

L'APPRENTI. Appel aux actionnaires du journal.

LE CUISINIER. Pigeons aux carottes.

L'APPRENTI. Théâtres.

LE CUISINIER. Petits fours et pièces montées.

GARGOTARD. Eh! bien, que dites-vous de ça?...

LA REVUE. Je dis... que c'est inouï... merveilleux, fantastique... et je ne vous lâche plus.

GARGOTARD. Impossible, madame... on m'attend au percement du Mont-Cenis.

LA REVUE. Pour y préparer un banquet?

GARGOTARD. Non, pour y prononcer un discours.

LA REVUE. Comment!... Restaurateur, littérateur et orateur!... tout cela à la fois.

GARGOTARD. Oui, madame, tout cela à la fois.

LA REVUE.
AIR : *En vérité, je vous le dis.*

Permettez, dans ceci je vois
Que vous avez fait fausse route,
Car on ne doit jamais, sans doute,
Courir deux lièvres à la fois.
Quand vous parlez on vous admire
Et l'on vous dit : Reste orateur;
Mais il serait mieux de vous dire :
Reste plutôt restaurateur!

GARGOTARD. Ça c'est une appréciation.

LA REVUE. Qui ne vous blesse pas, je l'espère.

GARGOTARD, Mais, du tout, madame!... je ne déteste pas la plaisanterie.

LA REVUE. Et vous dites que vous allez au Mont-Cenis. Mais, je vous suis, je vous y accompagne!...

GARGOTARD. Avec plaisir, belle dame... Mais qui nous conduira aussi loin?

LA REVUE. Le Bateau-Mouche. (*Elle fait un geste. — Le Bateau-Mouche paraît.*)

TROISIÈME TABLEAU!

—

UN AFFREUX SCANDALE

Même décor.

—

SCÈNE UNIQUE.

—

LES MÊMES, LE BATEAU-MOUCHE, GODEFROY, *dans la salle, puis* LE RÉGISSEUR.

TOUS. Le Bateau-Mouche!

LE BATEAU. Lui-même, mille sabords! le bateau-mouche qui est devenu le jouet, l'amusement et le passe-temps des grands et petits enfants et dont le succès va toujours en croissant.

GODEFROY, *dans la salle.* Bravo! bravo! (*Il applaudit.*) J'arrive à temps!... Messieurs, c'est la baronne!

LE BATEAU-MOUCHE.
AIR : *Maman, les p'tits bateaux.*

Je suis le p'tit bateau
Qu'on a surnommé bateau-mouche,
Sans craindre une escarmouche
Gaiement je glisse au fil de l'eau.
En avant, en amont,
Pour trois sous je promène
Tout le long de la Seine,
Et chacun coup' dans l' pont.
Les gros sous, les louis,
Remplissent ma sacoche;
Quand j'agite ma cloche,
J'attire tout Paris!

ENSEMBLE.

LE BATEAU.

Je suis l' petit bateau
Qu'on a surnommé bateau-mouche,
Sans craindre une escarmouche
Gaiement je glisse au fil de l'eau.

GODEFROY.

Maman, les p'tits bateaux
Qui vont sur l'eau, ont-ils des jambes?
Mais oui, p'tits bêtas,
S'ils n'en avaient pas, ils n' march'raient pas!

LA REVUE, *bas au Bateau.* Continue, ne te trouble pas!

LE BATEAU, *très-ému.* Ah dam!... on a eu de la peine à s'habituer à moi. On craignait de voir sombrer mon gaillard d'avant ou de voir sauter mon gaillard d'arrière : mais...

GODEFROY. Oh! oh!... son gaillard d'arrière! c'est délicieux! (*Il applaudit.*)

LA REVUE. Et maintenant... le public t'adore. (*Bas au Bateau.*) Ne t'intimide pas, continue.

LE BATEAU. Il m'idolâtre le public... tonnerre de Brest!... Il ne peut plus se passer de moi le public... nom d'un pétard!

GODEFROY. Bravo!... bravissimo!... Voilà un nom d'un pétard qui est rudement bien dit... Je n'ai pas entendu Talma dans son *qu'il mourût...* mais *uom d'un pétard* le dégotte... Bravo! continuez.

LE BATEAU. Monsieur Godefroy... si c'est une cabale que vous montez contre moi... vous...

GODEFROY. Une cabale!... lorsque je vous couvre de bravos!... Mais l'administration ne pouvait choisir une meilleure artiste... madame la baronne... et personne n'aurait mieux joué le bateau... car personne n'aurait été plus mouche.

BATEAU-MOUCHE. Monsieur Godefroy, vous êtes... vous êtes un insolent... Ah! (*Elle se trouve mal et on l'emporte.*)

TOUS, *en sortant.* Un régisseur, un médecin...

GODEFROY, *seul dans la salle.* Elle se trouve mal... alors elle se rend justice... Comment, elle a des vapeurs?... mais alors ce n'est pas un bateau-mouche, c'est un bateau à vapeurs... Et dire que voilà la femme qui m'a fait poser! la baronne du Raincy! ah! ah!...

LE RÉGISSEUR, *entrant.* Monsieur, ce scandale devenant de plus en plus intolérable, nous allons avoir le regret, si vous dites un mot de plus, de vous faire expulser de la salle...

GODEFROY. Ah! voilà qui m'est égal, par exemple!... Si vous croyez que je tiens à entendre les fariboles que l'on débite depuis une heure!... Je suis venu assister aux débuts de madame la baronne Bergamotte du Raincy dans son importante création du Bateau-Mouche : maintenant que je lui ai fait une petite réclame, vous pouvez continuer votre petite machine...

LE RÉGISSEUR. Machine... machine... si vous qualifiez de machine la pièce que nous représentons... vous êtes sévère, monsieur.

GODEFROY. Sévère... mais juste!

LE RÉGISSEUR. Je ne sais pas ce que vous êtes... monsieur... mais dans tous les cas... le public doit vous considérer comme un gêneur... puisque vous êtes cause d'un entr'acte qui peut durer une demi-heure, trois quarts d'heure

GODEFROY. Moi?

LE RÉGISSEUR. Parfaitement... attendu que nous allions assister à l'inauguration du Mont-Cenis, et que c'est le Bateau-Mouche qui y conduisait les personnages de la pièce, le Bateau-Mouche étant gravement indisposé par votre faute, nous sommes forcés de faire un entr'acte.

GODEFROY. C'est insensé!... c'est bête à couper au couteau... Comment les auteurs n'ont rien trouvé de mieux que de faire conduire le compère en Savoie par un Bateau-Mouche!

LE RÉGISSEUR. D'abord il n'y a pas de compère... Les auteurs se sont donné assez de mal pour se passer de ce personnage traditionnel, et on doit leur en savoir un peu de gré.

GODEFROY. Laissez-moi donc tranquille, et votre Peau-rouge de Saint-Quentin, que vient-il faire là?... et votre gargotier?... Et vous croyez que nous n'avons pas vu que c'était lui qui allait suivre la Revue dans l'acte suivant!... Toujours l'éternel compère!

LE RÉGISSEUR. C'est possible, monsieur, mais dans tous les cas il était déguisé assez habilement pour ne pas être reconnu... ensuite le public aurait été assez occupé par la décoration que nous allions exhiber pour passer sur cette ficelle.

GODEFROY. Alors c'est le Mont-Cenis que vous allez nous montrer.

LE RÉGISSEUR. Ce tableau tenant tout l'acte suivant, on voyait une locomotive traversant le tunnel dans toute sa longueur, et j'ose dire que l'administration comptait sur un très-grand succès.

GODEFROY. Une locomotive..... mais c'est vieux... c'est usé... c'est poncif... Le Châtelet nous en a montré une il y a deux ans, dans *Paris-Revue.*

LE RÉGISSEUR. Oh! permettez, ce n'est pas la même chose du tout... Celle du Châtelet était une véritable locomotive et la nôtre est en carton, ce qui est bien plus difficile... Vous voyez que cela ne se ressemble pas du tout!

GODEFROY. Eh bien! vas. vas.. (*Tirant sa montre.*) Je monte ce soir dans la lune... et je ne tiens pas à rater le train... Continue.

LE RÉGISSEUR. Mais, monsieur, puisque je vous dis... que cela est impossible... On pose des sinapismes Rigollot au Bateau-Mouche.

GODEFROY. Alors passe à l'acte des Théâtres... tu donneras à ces messieurs l'acte du Mont-Cenis... après...

LE RÉGISSEUR. Mais cette transposition est impossible. D'ailleurs... tous les artistes qui jouent dans l'acte des Théâtres ne sont peut-être pas là!... M. Hittemans n'arrive qu'à dix heures.

GODEFROY. M. Hittemans, mais je le connais... Il joue au bezigue au café en bas... je vais le chercher... tu peux commencer.. vas.

LE RÉGISSEUR. Si ces messieurs ne s'y opposent pas...

GODEFROY. Puisqu'on te dit que non... fais faire le changement...... allons hop... je reviens! (*Il sort de la salle.*)

LE RÉGISSEUR, *en se retirant.* Au changement!...

QUATRIÈME TABLEAU

—

LE TRIBUNAL DRAMATIQUE

Le théâtre représente un jardin.

—

SCÈNE PREMIÈRE

LES QUATRE HUISSIERS, DEUX REPORTERS, MOUJAVA, ET LA REVUE COMIQUE.

CHŒUR DES HUISSIERS, *préparant le tribunal.*
AIR : *Dar dar, il faut que l'on active.* DEMARQUETTE.

Pour juger ici chaque pièce,
Le moyen est original,

Dar dar, il faut que l'on s'empresse
D'organiser le tribunal !...

LA REVUE. Le tribunal est-il installé?
PREMIER REPORTER. A peu près.
LA REVUE. Et les pièces de convictions?
DEUXIÈME REPORTER. Elles sont là.
LA REVUE. Quand peut-on commencer?
MOUJAVA. Tout de suite, si vous voulez.
LA REVUE. Alors, faites entrer les témoins !
PREMIER REPORTER. Ils attendent. (*Les Témoins entrent.*)

SCÈNE II

LE PUITS QUI CHANTE, LE CIRQUE D'HI-
VER, LE JUIF-ERRANT ET NABUCHO.
*et divers autres théâtres représentés par de la
figuration*
LES MÊMES, LA COUR, *puis* GODEFROY.

CHŒUR.

AIR : des Hussards.

Youp, la, la, youp, nous sommes les théâtres
Youp, la, la, youp, qu'on a pris pour témoins;
Youp, la, la, youp, à paraître folâtres
Youp, la, la, youp, nous mettons tous nos soins.

PREMIER REPORTER, *annonçant.* La Cour?
(*Deux Juges entrent et vont s'asseoir au fond.*)
LA REVUE. Le président n'est donc pas là !
MOUJAVA. Il se sera arrêté en route... il est si flâneur.
TOUS, *sur l'air des Lampions.* L'président !
l'président ! Le voilà !
GODEFROY, *au public.* Vous me reconnaissez,
n'est-ce pas? Je suis le monsieur qui était
dans la salle tout à l'heure... J'ai été chercher monsieur Hittemans au café... Il jouait
encore pour quinze cents... au bezigue... Ma
foi ! comme je ne veux pas rater mon départ
pour la lune, et que je tiens à voir le tableau
des Théâtres... J'ai profité de ma ressemblance
avec cet artiste pour prendre sa place... Je vais
expédier ça au galop.
LA REVUE. Dites donc... quand vous aurez
fini?
PREMIER REPORTER. Nous attendons, nous !...
TOUS. Est-ce pour aujourd'hui ou pour demain ?
GODEFROY, *agitant une cloche.* J'ouvre la
séance !... Où est le public?
LA REVUE. Le voilà ! (*Elle montre les
théâtres.*)
GODEFROY. Il a une bonne tête !... Et les
défenseurs ?...
LA REVUE. Les prévenus ont demandé à se
défendre eux-mêmes... et moi, la Revue comique, qui ai institué ce tribunal dramatique,
je ferai l'office d'avocat général.
GODEFROY. A merveille. Les pièces de convictions sont là ?
LA REVUE, *les montrant.* Voici le pistolet de
la *Princesse Georges*, le collier de la *Baronne*,
le soufflet de l'*Enlèvement* et le bonnet de folie dont presque tous les auteurs coiffent
maintenant les principaux personnages de
leurs pièces... car, je ne sais pas si vous l'avez
remarqué...

AIR : On dit qu'une giraffe.

Maint'nant dans tous les drames,
C'est la rag' du moment,
Les hommes et les femmes
Sont fous au dénouement ;
On trouve ça superbe,
On pleure, on s'attendrit ;
Ça change le proverbe,
Plus il y a d' fous, et moins on rit !... } *Bis.*

GODEFROY. Et cette boîte?
MOUJAVA. La boîte de Pandore.
GODEFROY. Alors, nous pouvons commencer.
Introduisez les prévenus.
TOUS. Ah ! enfin !
GODEFROY, *agitant sa cloche.* Silence !
MOUJAVA, *annonçant.* M. de Sainte-Croix, de
l'*Enlèvement*, et M. de Terremonde, de la
Princesse Georges. (*Frémissement dans l'audi-
toire.*)

SCÈNE III

LES MÊMES, MONSIEUR DE SAINTE-CROIX,
MONSIEUR DE TERREMONDE, *puis* EROS-
TRATE.

CHŒUR.

AIR : Ot' toi d' là

Nous voilà (*Bis*).
Devant la justice;
Nous voilà, (*Bis*).
C'est une injustice;
Nous voilà, (*Bis*).
Que l'on en finisse !
Que veut dire cela ?
Messieurs nous voilà !

Les voilà (*Bis*).
Devant la justice;
Les voilà, (*Bis*).
Sans plus d'artifice,
Les voilà, (*Bis*).
Il faut qu'on sévisse
Contre ces gaillards-là,
Puisque les voilà !

GODEFROY. Prévenus, avant de procéder à
votre interrogatoire, reconnaissez-vous ces
objets ? (*Il montre les pièces de conviction.*)
DE TERREMONDE. Parfaitement ! voici le pistolet que m'a cédé en partant du Gymnase le
tuteur de Marceline... et qui sert également
au dénouement de la *Princesse Georges...*
M. DE SAINTE-CROIX. Et voici le soufflet que
je donnai à ma femme dans l'*Enlèvement...*
GODEFROY. Qu'avez-vous à dire pour votre
défense, vous, le monsieur de l'*Enlèvement*?
M. DE SAINTE-CROIX. Je suis de la nouvelle
école.
GODEFROY. Qu'est-ce que c'est que ça, la
nouvelle école?
M. DE SAINTE-CROIX. C'est le théâtre de l'avenir...
GODEFROY. Comment procède-t-on pour faire
une pièce de la nouvelle école?
M. DE SAINTE-CROIX. On prend un vieux
drame que l'on retourne, en faisant faire à
une femme ce qu'il était convenu de faire
faire aux hommes de l'ancien jeu, et on sau-
poudre le tout de phrases réalistes et bru-
tales, comme celles-ci : « Madame, vous êtes
une fille de joie... Vous n'avez vécu que dans
des égouts et je vais vous faire flanquer à
Saint-Lazare comme une prostituée que vous
êtes ! » (*Murmures dans l'auditoire.*)
GODEFROY, *agitant sa cloche.* Silence !...
Pourquoi avez-vous flanqué un soufflet à votre femme ?...
M. DE SAINTE-CROIX. Dans une autre pièce, je
lui avais craché à la figure et le public avait
trépigné de joie : j'ai pensé que cette fois-ci,
en donnant une gifle à mon épouse, on me
porterait en triomphe.
GODEFROY. C'est tout ce que vous avez à
dire pour votre défense?
M. DE SAINTE-CROIX. Je suis de la nouvelle
école !..
GODEFROY. Allez vous asseoir !... Et vous, de
Terremonde, pourquoi vous êtes-vous servi
de ce pistolet dans la *Princesse Georges*?
DE TERREMONDE. J'en avais besoin pour mon
dénouement !
GODEFROY. Vous saviez pourtant bien que ce
moyen n'avait pas réussi dans *Marceline*; ti-
rer un coup de pistolet... c'est vouloir jeter
de la poudre aux yeux du public, et vous
êtes au-dessus de ces ficelles dramatiques.
DE TERREMONDE. Je suis dans mon droit...
l'article 548 du code pénal m'y autorise...
voyez ! (*Il ouvre le code qu'il porte sous son
bras.*)
GODEFROY. C'est inutile.

AIR : Je le conserve pour ma femme.

Le code, lui, peut vous donner raison,
Mais le public ne pense pas de même;
Chacun, tout bas, vous blâma sans façon
En vous voyant prendre un moyen extrême.
Lorsque l'on a, comme vous, du talent,
On doit agir avec plus de finesse...
Vous devriez comprendre assurément,
Qu'en même temps que vous tuez l'amant
Vous auriez pu tuer la pièce (*Bis*).

Néanmoins, comme vos deux premiers ac-
tes sont deux chefs-d'œuvre, il ne vous sera
rien fait pour cette fois; mais n'y revenez
plus.

(*On entend une dispute.*)

LA REVUE. Quel est ce bruit?
MOUJAVA. C'est Erostrate de l'Opéra... Il
veut absolument être jugé.
LA REVUE. Il n'a pas reçu l'assignation de
comparoir... Ne le laissez pas entrer.
ÉROSTRATE, *entrant.* Ça ne me regarde pas.
Je veux être jugé... c'est mon droit. La justice
avant tout.
GODEFROY. Qu'est-ce que vous voulez?
ÉROSTRATE. Je veux savoir pourquoi je n'ai
pas eu ma troisième représentation. Je n'ai
été joué que deux fois et j'ai droit à trois re-
présentations... comme le *Peau-rouge* de
Saint-Quentin.
MOUJAVA. Dites donc, vous, pas de person-
nalités S. V. P.
ÉROSTRATE. J'en ferai si je veux... et si vous
me critiquez... la claque, la claque : je ne
connais que ça.
GODEFROY. Ce n'est pas Erostrate, c'est Cha-
bannais !...
MOUJAVA. A-t-il l'air mauvais, hein?
ÉROSTRATE. Qui a dit que j'étais mauvais?..
vous? V'lan !
(*Il flanque une gifle à Moujava.*)
MOUJAVA. Oùs qu'est ma massue?
(*Il va pour se rebiffer. On les sépare.*)
TOUS. A la porte !

CHŒUR.

AIR : De la Fusion.

C'est horrible, effrayant,
C'est assourdissant!
Faire un tel bacchanal
Dans un tribunal...
Ah! vraiment, c'est affreux,
Honteux, odieux,
Oui, c'est scandaleux!
(*On met Érostrate à la porte.*)

SCÈNE IV

LES MÊMES, *moins* EROSTRATE, *puis*
MINERVE.

GODEFROY. C'est intolérable! Je n'ai jamais
vu de tribunal comme ça... On s'y dispute
comme sur une place publique. (*Il agite sa
cloche.*)
LA REVUE. Je recommande la plus grande
sagesse à l'auditoire.
GODEFROY. Si vous comptez sur de la sagesse.
MINERVE, *sortant de la boîte de Pandore.* Qui
ose dire qu'il n'y a pas de sagesse ici?
TOUS. Minerve !
MINERVE. Oui, mes enfants, Minerve qui,
dans cette boîte à musique, s'embête à trente-
six francs par tête, et qui la lâche d'un cran
pour venir batifoler avec vous. (*Elle ferme la
boîte.*)
GODEFROY. Cristi! voilà une déesse qui s'exprime rudement bien !
LA REVUE. Et qui chante !... comme l'Africaine.
MINERVE. Deux fois mieux que l'Africaine.
Je sais qu'en musique une blanche vaut deux
noires... et je suis une *Blanche*, moi !...
MOUJAVA. Une crâne femme tout de même.
GODEFROY. Et quelle est l'histoire de cette
boîte?
MINERVE. Je vais vous la dire ou plutôt je
vais vous le chanter.

AIR : Je suis Pari-Pan.

Cette boîte est à musique :
Chacun de nous doit l'aimer;
Car son rhythme poétique
Sait nous plaire et nous charmer;
Mais, dans la pièce ou rabâche,
L'esprit n'est pas des plus francs :
C'est pour cela que je lâche
Mon rôle de plusieurs crans.
Moi, quand je suis sur les planches,
J'aime à rire, à folâtrer;
Et puisque j'ai les deuts blanches
C'est un peu pour le montrer.
A l'avant-scène je jette
Des regards provocateurs ;
Ça fait monter la recette,

     Ça fait plaisir aux auteurs.
     La cage était trop étroite :
     L'oiseau n'y pouvait rester...
     Si je quitte cette boîte;
     C'est donc pour rire et chanter
Me livrant au plus franc délire;
       Oui, je veux rire!...
(riant)   Ah ah ah ah ah!
       Je suis Minerve,
       Je suis Mi. Mi,
       Je suis Minerve.
        Carrément
       Et sans réserve,
       Serve, serve,
Oui, donnons-nous de l'agrément!
       REPRISE.
      Voilà Minerve!
      Voilà Mi Mi;
        etc.

GODEFROY. N'y aurait-il dans votre opéra plus ou moins bouffe que ce morceau... ce serait une circonstance atténuante!

MINERVE. Et mes costumes donc?!... Vous n'avez pas vu ma cuirasse du second acte? un chef-d'œuvre, mon cher... Je vais la chercher.

GODEFROY. Inutile!

MINERVE. Puisque je vous dis qu'elle est épatante; vous allez la voir.

GODEFROY. C'est elle qui est épatante!...

MINERVE. Je vais la chercher. *(Elle se sauve.)*

SCÈNE V

LES MÊMES, CORA, DE SAVENAY,
puis EROSTRATE.

MOUJAVA, *annonçant*. Un des plus grands succès du jour! L'Article 47.

TOUS. Ah!

GODEFROY. Silence!

CORA, *entrant*. C'est moi... Cora... vous savez bien, Cora?... Ah! c'est vrai, vous ne me reconnaissez pas... je suis si laide maintenant!

GODEFROY. Mais, madame... je vous assure que ça ne se voit pas du tout.

CORA. Il m'a dévisagée, le misérable! mais je me vengerai avec l'article 47! *(Elle montre le code.)*

LA REVUE. Mais enfin, que vous a-t-il fait?

CORA. Il m'a flanqué un coup de revolver en pleine figure et maintenant... ah! *(Elle relève son voile.)*

GODEFROY, *reculant*. Un menton en argent! oh!

CORA. Je vous fais horreur; n'est-ce pas? Mais je vais le dénoncer, lui; c'est un forçat en rupture de ban... article 47.

GODEFROY. Qui ça, lui?...

CORA. Qui? Georges... le plus honnête des hommes de la terre...

LA REVUE. Qui ça, un honnête homme, le forçat?

CORA. Oui, que j'adore plus que jamais... Je vais le faire réintégrer au bagne! Il croira peut-être à mon amour alors!

GODEFROY, *à part*. Elle a énormément de décousu dans la conversation, cette femme-là!

CORA. C'est mon droit... Tenez, voici l'article... *(Elle ouvre le code)* « Tout propriétaire d'un puits en mitoyenneté devra se charger des réparations qui lui incombent. » *(Tournant la page.)* Ce n'est pas ça! mais où est-il donc cet article... Est-ce que je deviens folle! mais oui, ma tête est vide comme l'Ambigu l'était avant que je n'y allasse! mon cerveau ballotte comme un sou dans une tirelire... *(Jetant un cri.)* Ah! toc, toc, ça y est! *(Elle va pour sortir et aperçoit le comte de Savenay qui entre.)* Ah! que viens-tu faire ici? ce n'est pas toi que j'appelle... va-t'en, va-t'en... tu me fais peur!... *(A la Revue comique)* Madame, dites-donc à votre mari de ne pas me regarder ainsi.

SAVENAY, *entrant*. Il est pâle et défait. Madame la baronne, vous ne sortirez pas... Je me suis échappé de l'Odéon, *(Se reprenant.)* de Charenton et je viens vous assassiner!

GODEFROY. Qu'est-ce encore que ce toqué-là?

LA REVUE. Le comte de Savenay, que la Baronne, de l'Odéon, a fait enfermer comme fou...

GODEFROY. Il ne fallait pas le laisser entrer : ça va faire un gâchis de tous les diables.

SAVENAY. Ah! vous avez cru qu'il suffisait de dire que j'avais une araignée dans le plafond pour avoir mon héritage... Ah!... ah!...

CORA. Grâce, monsieur!... je ne suis pas coupable!...

SAVENAY, *voyant le collier sur la table*. Un collier! celui que votre amant vous a donné... mettez-le, madame : j'en ai besoin pour vous étrangler! *(Il veut lui mettre le collier.)*

CORA. Tu sais, la violence ne te réussit pas!

GODEFROY. Sapristi! il faut le calmer *(Imitant Berton.)* Je vous jure, monsieur le comte, que madame n'est pas ma maît.esse : je suis son amant, voilà tout!

SAVENAY. Le docteur Varley! son complice!

GODEFROY. Mais non, monsieur le comte... je ne suis pas son complice... je suis le petit Berton... vous savez bien... le petit Berton qui était si gentil au Gymnase... vous me connaissez bien! Je suis incapable d'avoir fait ce que vous me reprochez là... je suis un petit amoureux... bien frisé... Dans les pièces que j'ai jouées, je n'ai jamais fait de mal à personne; je ne suis pas méchant, moi; j'aime ma mère... ma mère...

SAVENAY. Tu bêles pour faire croire que tu n'es qu'un mouton; mais tu n'es qu'un misérable : tu voulais partager mon sac avec la baronne.

GODEFROY. Je vous jure... monsieur...

SAVENAY. Ah! ah! vos mesures étaient bien prises... Me faire enfermer comme un gâteux... Misérables et sottes créatures que vous êtes! me pousser dans cet enfer et ne pas vous aviser qu'en me jetant hors la loi, vous jetiez à bas votre dernière sauvegarde. Ah! ah! c'est que je connais mon code... article... *(Il le cherche.)*

GODEFROY, *avec sa voix naturelle*. Vous aussi, votre pièce est faite sur un article du code!

SAVENAY, *naturellement*. Soyez tranquille, monsieur : il reste encore aux dramaturges six cent quatre-vingt-dix-huit articles à exploiter...

GODEFROY. Et vous ne dites rien, vous, madame la Revue comique?

LA REVUE. Puisque c'est la mode.

CORA. Et moi... vous me blâmez...

GODEFROY. Votre talent absout tous vos crimes... et comme pénalité, on vous enfermera dès demain dans une maison d'où vous ne sortirez plus.

CORA. Où ça?

GODEFROY, *galamment*. Dans la maison de Molière.

EROSTRATE, *entrant*. Dites-donc... Avec tout ça vous ne m'avez pas dit pourquoi je n'avais pas eu ma troisième représentation, moi... j'ai le droit de l'exiger; c'est dans le code... article... *(Il montre son code.)*

GODEFROY, *furieux*. Comment, lui aussi... il a un code; mais c'est une toquade... une rage. Fichez-moi la paix... vous m'ennuyez à la fin, avec vos codes!

MOUJAVA. Oui, vous nous ennuyez!

EROSTRATE. Ah! je vous ennuie! v'lan! *(Il lui reflanque une gifle et il sort.)*

TOUS. Encore!

MOUJAVA. Ah! je n'y ai vu que du feu!

LA REVUE, *riant*. Dans Erostrate, c'est tout ce qu'on voit.

PREMIER REPORTER, *annonçant*. Une visite de noce!

GODEFROY. Faites entrer!

TOUS. Ah! nous allons la voir.

GODEFROY. Silence! *(Il agite sa cloche.)*

SCÈNE VI

LES MÊMES, CLIGNEROI, MADAME DE CLIGNEROI, MADAME DE MONTRANCY, LEBONNARD VI, UN AUDITEUR.

CHŒUR.

AIR : *Digue, digue et don.*
Ici que l'on fasse avancer
La visite
De noce, au plus vite,
Ici qu'on la fasse avancer,
Car son procès va commencer!

GODEFROY. Passez-moi le dossier du Gymnase. *(On le lui passe. Appelant.)* Madame de Montrancy.

MADAME DE MONTRANCY. Présente!

GODEFROY. Monsieur et madame de Cligneroi.

MONSIEUR ET MADAME DE CLIGNEROI. Présents!

GODEFROY. Lebonnard VI, êtes-vous là?

LEBONNARD VI. En voilà une bêtise; vous le voyez bien.

GODEFROY. C'est une formalité... le Bébé?...

MADAME CLIGNEROI. Il a la bouche pleine, il ne peut pas vous répondre, monsieur le président.

GODEFROY. C'est bien; j'attendrai. Vous savez de quoi vous êtes accusés... D'avoir fait un scandale sans exemple dans les annales du Gymnase et d'avoir essayé de corrompre la société, en étalant devant le public des mœurs déplorables.

TOUS. Oui, monsieur le président.

GODEFROY. Procédons par ordre... les dames d'abord. *(A madame de Montrancy.)* Vous êtes veuve?

MADAME DE MONTRANCY. Oui, monsieur le président, depuis un an.

GODEFROY. Du vivant de votre mari, vous le trompiez.

MADAME DE MONTRANCY. Oui, monsieur le président. Entre mes repas, c'était la seule distraction que j'avais.

LA REVUE. A Paris?

MADAME DE MONTRANCY. Avec embranchement sur Lyon et le Havre.

GODEFROY. Très-bien... Quand je dis très-bien, cela s'applique à la netteté de vos réponses et non à la moralité de la chose. *(A Cligneroi.)* Et c'est vous, Cligneroi, qui avez aidé madame à tromper son mari.

CLIGNEROI. Tout le temps, oui, monsieur le président!

LA REVUE. Ça va bien au Gymnase. Vous connaissez la dame qui est à côté de vous?

CLIGNEROI. C'est ma légitime.

GODEFROY. Ce qui implique que vous avez le n° 1, qui est la légitimité, et le n° 2, qui madame, comme en politique, alors!... Quelles mœurs!... Que dites-vous de cela? madame de Cligneroi?...

MADAME DE CLIGNEROI. Moi? je n'entends rien, je ne vois rien, j'ai mon enfant et mon piano, cela me suffit... et comme je nourris, je n'ai pas envie de me révolutionner... et de faire tourner mon lait!

GODEFROY. Bravo! madame de Cligneroi, voilà des principes au moins!... Et il va bien le petit?

MADAME DE CLIGNEROI. Admirablement. Regardez-moi ça, monsieur le président... ça pèse vingt-deux livres; vous allez voir ses reins. *(Elle lui retrousse sa robe.)* Vous ne voulez pas voir ses reins... Vous ne savez pas ce que vous refusez.

GODEFROY, *se reculant*. Non; merci!... Quel parfum d'honnêteté chez cet adolescent et cette mère nourricière!... Et vous, Cligneroi, ça ne vous touche pas?

CLIGNEROI. Non, monsieur le président.

GODEFROY. Vous n'aimez donc pas votre enfant...

CLIGNEROI. Si... quand on l'emporte!

GODEFROY. Quelles mœurs! *(A madame de Montrancy.)* Qu'avez-vous à dire contre monsieur de Cligneroi?

MADAME DE MONTRANCY. C'est un Savoyard!... Il m'avait lâchée parce que je ne le trompais qu'avec mon mari. Alors Lebonnard VI...

GODEFROY. Pourquoi le beau Narcisse?

MADAME DE MONTRANCY. Dam! puisque Lebonnard est son nom, et qu'il est mon sixième amant...

GODEFROY. Très-bien!

MADAME DE MONTRANCY.   Alors, il me

dit de faire croire que j'avais une tripotée d'amants, mon coiffeur, mon pédicure... mon frotteur, etc.

LEBONNARD. C'était un truc!

GODEFROY. Pourquoi ça?

MADAME DE MONTRANCY. Pour le faire revenir?

GODEFROY. Comme un roux!

LA REVUE. Et cela a roussi... (Se reprenant.) et cela a réussi.

MADAME DE MONTRANCY. Je le crois bien... depuis qu'il sait cela, il m'adore!

GODEFROY. Quelles mœurs!... Cela suffit!... Personne n'a de questions à adresser aux accusés?

UN AUDITEUR. Une seule à monsieur de Cligneroi. Est-ce qu'on vend toujours de la galette à la porte du Gymnase?

LA REVUE. Mais ça n'a aucun rapport au procès... monsieur.

UN AUDITEUR. Je le sais bien... mais c'est un renseignement que je tenais à avoir... Mettons que j'ai dit une bêtise. (Il se rassied.)

GODEFROY, tirant sa montre. (A part.) Dix heures... et le père Baldaquin qui m'attend... (Haut.) Je me résume. Oui, les prévenus d'une part, les circonstances de l'autre, et, en vertu des articles 9599 et 15820 du Code pénal, considérant que si l'auteur d'une Visite de noce a scandalisé la moitié de la population... il a charmé l'autre moitié... Condamnons ledit auteur à être applaudi comme il le mérite toutes les fois qu'il y aura récidive de sa part.

TOUS. Bravo! bravo!

GODEFROY. Et maintenant?

AIR : Il faut aimer, chanter et rire.
Permettez qu'on vous congédie,
Car c'en est assez pour ce soir !
Opéra, Drame et Comédie,
Jusqu'au plaisir de vous revoir !...
RÉPRISE.

(Ils sortent).

SCÈNE VII

GODEFROY, LA REVUE, BOULE DE NEIGE, ÉROSTRATE, LES FOLIES-BERGÈRE ET ROBERT-VINGT.

GODEFROY. Mettez le dossier du Gymnase dans sa chemise.

MONJAVA. Voilà! Ah! mais vous avez oublié une pièce de ce théâtre.

LA REVUE. C'est juste... L'Abandonnée.

GODEFROY. L'Abandonnée... Oh! je la connais.

AIR des Anguilles.
Oui, j'assistais à la première,
Et voici l'avis général :
Ça commence à la Grand'-Chaumière,
Et ça finit à l'hôpital...
Sous le charme du magnétisme,
On disait, au dernier tableau :
C'est plein d' cœur et d' sinapismes, } Bis.
Mais ça manque de Rigollot.

LA REVUE. C'est peut-être une calomnie et la calomnie passant de bouche en bouche.. ça grossit comme une boule de neige...

BOULE-DE-NEIGE, entrant. Qui parle de Boule-de-Neige? Me voici!

Air nouveau de DIACHE.
Des Bouffes, je suis la charmeuse !
Je dompte le tigre en fureur,
Et ma musique tapageuse
A su dompter le spectateur.
C'était un vrai feu d'artifice :
L'orchestre faisait pif, paf, pouf !
Mais le public, plein de malice,
Disait : C'est pillé dans Barkouf.
C'est vrai, j'ai démarqué mon linge :
Au lieu d'un chien, j'ai pris un ours ;
J'en conviens, c'est un tour de singe,
Mais ça me réussit toujours.
Le directeur, dans sa disette,
M'implorait, criait : Au secours ?
Moi, dont la muse est toujours prête,
J'ai répondu : Prenez mon ours !
Il s'est pris à ce joli piége,
Grâce à Dieu, ce n'est pas le seul !

Voilà comment Boule-de-Neige
A roulé passage Choiseul.
Quant à moi, remplissant ma tâche,
Des dompteurs, imitant le chic,
Si je fais siffler ma cravache,
Je fais applaudir le public.

ROBERT-VINGT, entrant. Eh bien ! et moi donc. Robert-Vin,

TOUS. Robert Vingt!

ROBERT VINGT. Vin, parce que j'en place!... C'est moi que l'on veut faire monter sur le trône d'Écosse des Variétés. Voulez-vous goûter mes échantillons? J'ai un vin de Champagne exquis ; vous le boirez pendant que je vais vous chanter mon grand morceau.

LA FOLIE-BERGÈRE. (Entrant.) Qui parle de boire en entendant chanter?...

GODEFROY. Quelle est cette nouvelle folie?

LA FOLIE-BERGÈRE. Les Folies-Bergère, le théâtre à la mode, le rendez-vous des biches et des gandins. On boit, on fume, on chante et on se promène. Demandez, faites-vous servir.

AIR   De la Poudre de Perlinpinpin.

I.
Oui, mon établissement, tout comme l'Alhambra,
S'organise !
Chez moi l'on rit, on chante, on fume et cœtera...
Qu'on se l' dise !
Baladzinne... ohé du flou-flou !
Moi, je suis les Folies-Bergères,
J'aim' pas ceux qui font des manières ;
Viv' le plaisir, et allez donc !...

II.
Mes femm's ont des attraits, mon spectacle est charmant.
J' suis bonn' fille ;
Ma musique est exquise, et tout ça n' vaut qu'un franc,
Un' vétille !
Baladzinne... ohé du flou-flou !
V'nez donc voir les Folies-Bergères,
Chez moi l'on n' fait pas de manières;
Viv' le plaisir, et allez donc !...

ROBERT. Encore un café-concert ! Fi donc !...

GODEFROY. J'irai vous voir, je vous l' promets ; j'irai fumer une cigarette dans votre promenoir... mais pour le moment je suis pressé.

LA FOLIE-BERGÈRE. Et ça me flattera, monsieur le président.

GODEFROY. Je clos la séance.

LES THÉÂTRES, se récriant. Ah ! et nos couplets?

GODEFROY. Comment! vous avez encore des couplets à chanter?

LA REVUE. Les couplets de la fin.

ÉROSTRATE, sortant du trou du souffleur. J'ai un couplet et je veux le chanter!...

TOUT LE MONDE. Ah! (On le repousse dans la boîte.)

GODEFROY. Toute la vie, alors. Mes enfants, j'ai une proposition à vous faire : comme vos petits couplets n'auraient rien de méchant.. nous allons les remplacer par un verre de champagne, c'est Robert-Vin qui l'offre.

ROBERT VINGT. Il a raison.

GODEFROY.
Air : V'là les bêtises.
Au lieu d' raser la salle entière,
Avec vos couplets de la fin,
Cédez plutôt à ma prière,
Et mettez tous le verre en main.
Du plaisir et de l'allégresse,
Je veux ici prendre ma part ;
Je veux que la plus folle ivresse,
Ce soir préside à mon départ.
Versez donc, oui, versez donc,
De ce vin qui brille
Et pétille.
En chantant un gai flon-flon,
Oui, versez donc, oui, versez donc!
Reprise ensemble.
Versez donc... ; etc.

SCÈNE VIII

LES MÊMES, puis BALDAQUIN.

BALDAQUIN, entrant. Dites donc, quand vous aurez fini.

GODEFROY. Tiens, le père Baldaquin !...

BALDAQUIN. Vous savez, je vous attends !...

GODEFROY. Je vous suis, papa Baldaquin ; et maintenant, mes enfants, si vous voulez me

voir monter dans la lune... suivez-moi, ça égayera le départ.

LA REVUE. Vous montez dans la lune?

GODEFROY. Parfaitement!

LA REVUE. Mes enfants, je propose d'aller voir ça.

TOUS. C'est ça! allons-y!

GODEFROY,
(Suite de l'air.)
Si vous voulez me voir partir,
Je vais monter jusqu'à la lune ;
Chacun avec votre chacune
Venez donc pour vous divertir !...
CHŒUR.
Si nous voulons le voir partir,
Puisqu'il va monter dans la lune;
Chacun avec notre chacune
Allons donc pour nous divertir !...

Tableau. — Un rideau représentant des nuages et la nacelle portant Godefroy et Baldaquin tombe. — Pendant l'entracte, qui est très-court, quadrille de QUI VEUT VOIR LA LUNE, par Marc Chautagne.

CINQUIÈME TABLEAU
—
UN VOYAGE AÉRIEN

Des rochers. — La lune au fond.

SCÈNE UNIQUE

Tous les personnages de l'acte. GODEFROY et BALDAQUIN.

CHŒUR.
AIR : final du 1er acte du Petit Faust.
Ce n'est pas chose commune
Que l'on aille dans la lune !
Pour voir ce spectacle-là,
Nous voilà !
Oui, nous voilà !

LA REVUE, à Godefroy, lui désignant sa fourrure. Tiens, qu'est-ce que c'est que ça? une peau de singe?

GODEFROY. Oui, c'est Baldaquin qui m'a prêté ça pour faire plus commodément le voyage... Et tenez, voilà le père Baldaquin.

BALDAQUIN. Eh bien! êtes-vous prêt?

GODEFROY. Parfaitement.

BALDAQUIN. Alors, vous quittez la terre sans regret.

GODEFROY. Oh! sans le moindre regret... pour ce qu'on y voit !...

BALDAQUIN. La politique ne vous intéresse donc pas?

GODEFROY. Moi! j'en ai plein le dos de la politique !... et je ne suis pas fâché de l'oublier un peu dans la lune.

BALDAQUIN. En route, alors !... Nos compagnes sont là haut... Elles nous attendent.

GODEFROY. Partir, sans chanter quelque chose d'enlevant... c'est contre tous les usages, mon cher Baldaquin... Ces gens-là ne sont venus ici que pour ça... N'est-ce pas vous autres?

TOUS. Oui, oui.

BALDAQUIN. Eh bien! alors, en avant ma ronde favorite, elle est de circonstance et elle s'intitule : Qui veut voir la lune ?

TOUS. C'est ça... c'est ça !...

BALDAQUIN. Je commence.

AIR de Marc Chautagne.
Oui, c'est moi qui montre la lune,
Et qu'on nomm' le pèr' Baldaquin...
Tous les jours, lorsque vient la brune,
J' vais m'installer sur le terr' plein.
Je n'ai pas l'esprit lunatique
Comm' bien des gens, assure-t-on,
Car pour attirer la pratique,
Moi, j' dis toujours sur le mêm' ton :
(Parlé.) Qui veut voir la lune ?
V'là c' que c'est!
V'là l'objet !
Qui veut voir la lune ?
Faut pas un' fortune !
Pour deux sous,
Voulez-vous
Contempler la lune?
C'est deux sous!
(Reprise par tout le monde).
V'là ce que c'est!
Etc.

LA REVUE COMIQUE.

Au bras d'une femme charmante,
J' vois un vieux monsieur s'arrêter...
Phébé, ce soir, est séduisante,
Le pauvre homm' se laisse tenter;
Mais pendant que dans la lunette,
Il regarde attentivement...
La dame reçoit en cachette
Un billet doux de son... *Armand!*

Parlé. Qu veut voir la lune?

REFRAIN.

MINERVE.

Pour une éclipse qui s'apprête...
Un rural s'arrêt' sur l' boulvart...
Pendant que l' bonhomm' lèv' la tête,
Un filou lui chipp' son foulard!
Ne trouvant plus rien dans sa poche,
Notre rural entre en fureur...
Pour doubler sa rage, un gavroche
Lui crie alors, d'un air gouailleur :

(Parlé). Qui veut voir la lune?

REFRAIN.

GODEFROY,

On peut s' passer d' l'Observatoire
Pour voir la lune, assurément,
Et pour la montrer, c'est notoire,
Jadis, çà s' passait autrement,
Au temps de notre grand Molière,
Si j'en crois certain document,
Tournant l' dos à l'apothicaire,
Le malad' disait simplement :

(Parlé). Qui veut voir la lune?
V'là c' que c'est!
V'là l'objet!
Qui veut voir la lune?
Faut pas un' fortune!
Pour deux sous,
Voulez-vous
Contempler la lune?
C'est deux sous !

(Reprise).

LA REVUE COMIQUE. Et maintenant, messieurs, il ne nous reste plus qu'à vous souhaiter un bon voyage.

TOUS. C'est ça... bon voyage!

GODEFROY. En route, père Baldaquin.

TOUS. En route!

(Reprise).

V'là c' que c'est!
V'là l'objet!
Etc., etc.

(*Tout le monde sort. Tableau très-animé. Les rochers s'enfoncent. La nuit devient complète. Les nuages se mettent en mouvement. L'orchestre joue l'air du voyage aérien. La lune grossit. On voit une nacelle conduite par des cigognes qui traverse le théâtre. Dedans, en tout petit, Godefroy et Baldaquin. La lune continue toujours à grossir et laisse déjà apercevoir des chaînes de montagnes. Peu à peu on aperçoit des habitants qui lèvent les bras au ciel. La lune prend des développements énormes et remplit toute la scène. C'est alors que l'on voit apparaître une nacelle plus petite encore que la première. Godefroy et Baldaquin sont entrés dans la lune. Le rideau baisse.*)

ACTE III

SIXIÈME TABLEAU

UNE ET INVISIBLE

Théâtre représente un jardin féerique. — Arbres, fleurs et constructions étranges.

SCÈNE PREMIÈRE

BOULENZINC. — HABITANTS DE LA LUNE.

(*Au lever du rideau, Boulenzinc regarde dans une longue-vue. Les habitants regardent en l'air.*)

CHŒUR.

Air : *La Déesse du Bœuf gras.*

Vers nous le phénomène
Semble se diriger ;
Que chacun se démène,
Pour parer le danger.
} Bis.

BOULENZINC. Rassurez-vous, braves lunatiques, le phénomène qui plane dans les airs depuis ce matin n'a rien d'effrayant. Il gravite dans le cercle d'attraction qui entoure la lune, et dans un instant il va aller se briser sur les montagnes avoisinantes.

PREMIÈRE HABITANTE. En êtes-vous bien sûr?

DEUXIÈME HABITANTE. D'où cela peut-il venir, seigneur Boulenzinc?

BOULENZINC. Ça vient de la terre, où je me trompe fort.

TROISIÈME HABITANTE. Est-ce que vous en avez déjà vu des habitants de la terre, monsieur Boulenzinc?

BOULENZINC. Des terriens, oui, j'en ai vu deux qui sont tombés dans notre planète, et que l'on a conservés dans notre cabinet d'histoire naturelle. Le premier était un grand savant nommé Hippodrome.

LES HABITANTS. Hippodrome? (*Ils rient.*)

BOULENZINC. Oui, il s'était fait attacher à un énorme ballon où était écrit son nom en grosses lettres, et il est venu s'aplatir ici.

DEUXIÈME HABITANTE. Comment ça peut-il bien être fait un savant de la terre.

BOULENZINC. Celui-là n'était pas beau. Il avait quatre pattes, deux oreilles énormes, et il faisait hi-han. Du reste, sauf la couleur, puisque les nôtres sont bleus et que celui-là était gris, il ressemblait absolument à un âne de la lune.

TOUS. Un âne. (*Ils rient.*)

BOULENZINC. Le second avait voulu probablement savoir ce qu'était devenu le premier. Il est arrivé ici dans un parachute en faisant des grimaces à tout le monde et en se grattant comme ça. (*Il imite un singe.*) C'était un mandrille.

PREMIÈRE HABITANTE. Alors, à votre idée, seigneur Boulenzinc, la terre n'est habitée que par des animaux.

BOULENZINC. Du moins, c'est l'opinion de l'illustre académie de cette planète, et jusqu'à preuve du contraire...

DEUXIÈME HABITANTE, *regardant en l'air.* Ah! mais regardez donc... le phénomène est de plus en plus visible!

TROISIÈME HABITANTE. Il a franchi les montagnes blanches.

PREMIÈRE HABITANTE. Et il vient de ce côté.

BOULENZINC. Tiens, tiens; c'est ma foi vrai!

DEUXIÈME HABITANTE. Ah! mais regardez donc, on les aperçoit très-visiblement.

TROISIÈME HABITANTE. Ils sont deux... deux habitants de la terre.

BOULENZINC. Deux ânes?.

DEUXIÈME HABITANTE. Non... Ils ressemblent à des singes, ils sont affreux.

TOUS. Les voilà, les voilà, sauvons-nous.

ENSEMBLE.

Air de *Trombalcazar.*

Oui sauvons-nous, oui sauvons-nous,
C'est un sauv' qui peut; gar' là-d'ssous!
C'est effroyable,
Epouvan'able !
On dirait deux grands sapajous ;
Tous deux ont l'air d'être en courroux,
Ah! sauvons nous ! oui sauvons-nous.

(*Ils se sauvent effrayés*).

SCÈNE II.

BOULENZINC, *seul.*

BOULENZINC. On a bien raison de dire : — capon comme la lune. — Sont-ils bêtes, ces lunatiques!... je vous demande un peu s'il y a de quoi s'effrayer pour si peu de chose... Est-ce que j'ai peur, moi!... est-ce que je suis effrayé, moi! (*Regardant dans sa longue-vue.*) Tiens, tiens... ces terriens sont conduits par des oiseaux, on dirait... des grues!... encore une note que je vais envoyer à l'Académie : (*Il écrit sur un carnet.*) La terre est habitée par des ânes, dessinges et des grues. (*On entend du bruit dans la coulisse.*) Tiens, ils viennent de tomber. (*Regardant dans la coulisse.*) On les saisit... ils se démènent... on les attache... ah! les voilà.

SCÈNE III

GODEFROY et BALDAQUIN, *attachés, et ayant des fourrures leur donnant l'apparence de singes;* TROMBINOSKOFF, KATAKOI,

HOMMES, FEMMES ET ENFANTS, HABITANTS DE LA LUNE, BOULENZINC.

CHŒUR.

Air de *la veuve Bilboquet.*

Baladzion, baladzinn, boum, boum,
Voici deux beaux gorilles ;
Bourgeois, enfants, femmes et filles,
Approchez
Et touchez !
Le phénomène est sans pareil,
Il est uniqu', sous le soleil. .
Oui, c'est un phénomèn' vivant,
Ça n' se voit pas souvent ;
V'lan !

TROMBINOSKOFF.

Ces deux singes dans la lune
Sont arrivés en mêm' temps;
Ils sont d'une rac' peu commune,
Ce sont des orangs-outangs.
Ils n'ont pas d' poils sur la face,
Ils n'ont pas d' poils sur la main ;
Cette espéce très-cocasse
Se rapproch' du genre humain,
Tous deux sav'nt fair' la grimaeé

GODEFROY *et* BALDAQUIN.

Alors nous f' rons notre chemin.
Si nous f'sons bien la grimace,
Pour sûr nous f'rons notr' chemin.

Reprise.

Baladzinn, boum, boum,
Etc.

GODEFROY. Allez-vous me lâcher à la fin!

BALDAQUIN. Vous savez, si c'est une plaisanterie, je commence à la trouver mauvaise.

KATAKOI N'y touchez pas!...

TROMBINOSKOFF. Ce sont des gorilles!

BALDAQUIN. Comment, ils nous prennent pour des gorilles!

GODEFROY. A cause de notre fourrure, mais nous allons dissiper cette folle erreur. (*Élevant la voix.*) Messieurs !...

TOUS. Tiens, ils parlent!

TROMBINOSKOFF. Oh! mais alors ils sont bien supérieurs au mandrille qui nous est arrivé en parachute, il y a quelques années, et que nous avons eu la douleur de perdre.

BOULENZINC. L'honorable Trombinoskoff a raison... et je propose une chose... c'est que nous conservions ceux-ci... pour en perpétuer la race dans la lune.

BALDAQUIN. Mais, messieurs, encore une fois, vous pataugez d'une façon déplorable. Nous n'avons aucun lien de parenté avec le quadrumane dont vous parlez.

GODEFROY. C'est évident. Détachez-nous et nous prouverons notre identité.

BALDAQUIN. J'ai justement sur moi ma carte d'électeur.

GODEFROY. Et moi, mon abonnement de chemin de fer, aller et retour.

KATAKOI. Alors, c'est infiniment regrettable pour vous ; comme singes, on pouvait vous conserver, mais si vous êtes des hommes... vous tombez sous la loi qui frappe tout étranger qui pénètre dans cette planète. Et vous serez mis à mort. On vous empaillera avec soin et vous irez orner notre cabinet d'histoire naturelle.

BALDAQUIN. Mis à mort !

GODEFROY. Empaillés?... Ah! mais non... Vous comprenez, si c'est comme ça... il n'a pas à hésiter!... nous sommes des mandrilles...

BALDAQUIN. Tout ce qu'il y a de plus mandrilles. Je n'osais pas vous l'avouer ; mais mon oncle était un chimpanzé de la grande espèce, et ma tante une guenon de la plus belle eau.

GODEFROY. Baldaquin a raison!... Il n'y a qu'à le regarder une demi-minute pour faire cesser vos doutes à ce sujet.

KATAKOI, *à Trombinoskoff.* Celui qu'il appelle Baldaquin doit être le mâle.

TROMBINOSKOFF. Et l'autre doit être la femelle.

BOULENZINC. Tout ça n'est pas très-clair... et avant de rien décider... il faut aller prévenir immédiatement la Faculté, qui se livrera à un examen minutieux sur ces quadrumanes... Allez, messieurs, je réponds d'eux... et comme ils ne paraissent pas méchants, je vais les détacher. (*Il les détache.*)

TROMBINOSKOFF. A tout à l'heure! seigneur Boulenzinc.

TOUS. A tout à l'heure!

CHŒUR.

AIR : *Vous savez que dans l'régiment.*

A tout-à-l'heure, car bientôt
Nous reviendrons ici prestissimo,
Pour savoir ce que nos docteurs
Pensent de pareils visiteurs.
(*Tout le monde sort.*)

SCÈNE IV

GODEFROY, BALDAQUIN, BOULENZINC.

BALDAQUIN. Quels idiots, ces lunatiques!... Nous prendre pour des gorilles.

GODEFROY. C'est-à-dire que si le café de Suède savait ça, il en rirait pendant quinze jours.

BOULENZINC, *revenant.* Là... en attendant, continuons mes observations... Tiens, vous ne vous grattez donc pas? Celui qui est arrivé en parachute passait son temps à faire comme ça... (*Il se gratte à la façon des singes.*)

BALDAQUIN. Celui-là était un quadrumane de bas étage... mais devant vous, nous ne nous permettrions pas cette inconvenance.

GODEFROY. Nous sommes des singes du monde.

BOULENZINC. Vous êtes apprivoisés... quoi!

BALDAQUIN. Vous l'avez dit, honorable Boule de Zinc.

BOULENZINC. Pas Boule-de-Zinc... Boulenzinc, astronome du palais.

GODEFROY. Vous êtes astronome... dites donc, Baldaquin... monsieur est un de vos confrères?

BOULENZINC. Je montre *la terre* aux lunatiques. (*Criant.*) Qui veut voir la terre?

BALDAQUIN. Et moi, je crie : Qui veut voir la lune? (*Riant.*) Ce cher Boulenzinc. (*Il lui serre la main.*) Dites donc, entre confrères, on peut se demander quelques petits renseignements, n'est-ce pas?

BOULENZINC. Comment donc, tout ce que vous voudrez. Avec des singes, ça n'a pas d'importance.

GODEFROY. Y aurait-il de l'indiscrétion à vous demander quelle est la forme de votre gouvernement?

BOULENZINC. Non, depuis la mort de notre monarque, l'illustre *Bétacoupérocouto.*

GODEFROY. *Descendant d'Eustache 1er.*

BOULENZINC. Nous avons proclamé la République.

BALDAQUIN. Ah! vous avez la République!

BOULENZINC. Oui, la République, *une et invisible.*

BALDAQUIN. Invisible!...

GODEFROY. Oui, monsieur veut dire : *Lune et invisible.*

BALDAQUIN. Tiens, tiens... mais vous devez avoir quelqu'un qui la représente?

GODEFROY. Naturellement, puisqu'elle est invisible.

BOULENZINC. Nous avons Coquelicotte.

BALDAQUIN. Coquelicotte?

BOULENZINC. Oui, qui règne avec le titre de grande protectrice des États de la Lune.

GODEFROY. Comment, c'est une femme qui vous gouverne?

BOULENZINC. Ce n'est pas sans raison... On a essayé d'abord tous les hommes de cette planète... moi compris. Mais patatras, au bout de deux jours on n'en voulait plus; nous sommes si lunatiques!... Alors on a pris une femme... Coquelicotte.

BALDAQUIN. Et ça marche bien maintenant.

BOULENZINC. Pas du tout, ça va encore plus mal... Alors on a pensé qu'un homme et une femme vaudraient mieux , et aujourd'hui même la grande protectrice doit se choisir un grand protecteur. (*On entend une fanfare.*)

GODEFROY. Qu'est-ce que c'est que ça?

BOULENZINC. C'est un honnête homme qui aura été surpris par un mouchard.

BALDAQUIN. Comment! il y a des mouchards ici.

BOULENZINC. Dès qu'un lunatique fait une bonne action, on l'arrête; on le promène pendant huit jours en chantant ses louanges, et on le montre au peuple comme exemple à suivre.

BALDAQUIN. Alors c'est une lune de miel.

GODEFROY. Avec des mouchards?... C'est plutôt une lune rousse.

BOULENZINC. Du reste, voici le cortége. Vous allez en juger.

SCÈNE V

LES MÊMES, QUATRE LUNATIQUES, *avec des instruments, précédant le cortége;* UN LUNATIQUE *entre quatre hommes d'armes le suit, porté sur un palanquin. Le peuple vient d-rrière. Le cortége traverse la scène et sort en chantant le chœur suivant:*

CHŒUR.

AIR de *Barbe-Bleue.*

Que tout le monde contemple
Celui qu'ici nous montrons;
Qu'il vous serve à tour d'exemple,
Devant lui courbez vos fronts;
Car c'est un homme de bien
Qui fait l'aumône en sourdine.
Qu'on s'incline (*Bis*),
Que chacun de vous s'incline,
Oui, s'incline (*Bis*),
Devant ce grand citoyen.

SCÈNE VI

BALDAQUIN, GODEFROY, BOULENZINC.

GODEFROY. Oh! mais, c'est excessivement original, ça!

BALDAQUIN. Dites donc, si on promène les honnêtes gens comme ça, qu'est-ce que l'on fait des gredins, alors?

BOULENZINC. On leur élève des statues... c'est le plus grand châtiment qu'on puisse infliger à quelqu'un.

GODEFROY. Des statues!

BOULENZINC. Oui, leur crime est inscrit sur le piédestal, leurs traits restent dans la mémoire de tout le monde, et dès qu'ils s'approchent d'un Lunatique, on les reconnaît et on les fuit.

GODEFROY. Ah! mais, dites donc, c'est de la haute philosophie, ça!... Quel drôle de pays!

BALDAQUIN. Et qu'est-ce que vous gagnez comme astronome du palais?

BOULENZINC. J'ai deux chansons par jour et une romance de gratification toutes les semaines.

GODEFROY. Comment! on paye avec des chansons!

BOULENZINC. Des chansons... des sonnets... des mémoires scientifiques... enfin, avec tout ce qui est produit de l'imagination.

BALDAQUIN. Mais alors les gens d'esprit doivent être riches comme des nababs.

BOULENZINC. Naturellement.

AIR du *Charlatanisme.*

Dans la lune on est indigent
Lorsque l'on est bête et stupide;
Mais quand on est intelligent,
Jamais on n'a la bourse vide.

GODEFROY.

C'est aussi juste que malin.
Sur terre, au rebours de la lune,
Trop souvent, le fait est certain,
C'est l'homm' d'esprit qui crèv' de faim,
C'est l'imbécil' qui fait fortune.

BALDAQUIN. Autre sphère, autres mœurs.

GODEFROY. Et les calembourgs, quelle valeur ont-ils?

BOULENZINE. Oh! les calembourgs, ça ne passe pas ici... C'est considéré comme la fausse monnaie de l'esprit.

BALDAQUIN. Mais c'est le monde renversé.

GODEFROY. On n'a pas même idée de ça en province!...

BOULENZINC. Ah! mais, au fait, je ne sais pas pourquoi je vous raconte tout ça... Si vous me comprenez, vous n'êtes pas des singes, et alors on va vous empailler... et si vous êtes des singes, vous êtes incapables de me comprendre. Du reste, ma femme va vérifier la chose, et nous saurons à quoi nous en tenir sur vous...

BALDAQUIN. Votre femme?

BOULENZINC. Elle est médecin de première classe.

BALDAQUIN. Ce pays est une boîte à surprises.

BOULENZINC. Et tenez, je l'entends qui vient avec ses élèves. (*Il remonte.*)

GODEFROY. Baldaquin, savez-vous faire les imitations?

BALDAQUIN. Pourquoi ça...

GODEFROY. Parce que si nous n'imitons pas les orangs-outangs à faire peur, nous sommes fricassés, mon bon.

BALDAQUIN. Diable!

BOULENZINC, *revenant.* Silence, messieurs, voici la Faculté... La Faculté, c'est ma femme; les autres sont ses élèves.

SCÈNE VII

LES MÊMES, MADAME BOULENZINC, DROGUINETTE, BISTOURINE, CAMPHRINETTE, *étudiantes en médecine.*

ENSEMBLE.

AIR : *Saute, saute, coup' ta tête.*

Pour nous quel bonheur insigne
De *purgare, saignare.*
Malades, faites un signe
Et l'on va vous *soignare.* } *Bis.*

MADAME BOULENZINC. Où sont les deux terriers?

BOULENZINC. Les voilà, bobonne. Est-ce que tu vas commencer tes expériences?

MADAME BOULENZINC. Tout de suite. (*Elle va pour s'approcher de Baldaquin et de Godefroy. Ceux-ci font des grimaces et grincent des dents. Se reculant, à Boulenzinc*) Comment, vous les avez détachés?

BOULENZINC. Ils sont doux comme des Moutons, ne crains rien.

(*Elle remonte dans le fond causer avec ses élèves.*)

GODEFROY. Dites donc, Baldaquin, est-ce que ça ne vous humilie pas de jouer Jocko, ou le singe du Brésil, devant ce quatuor de médecins?

BALDAQUIN. J'avoue qu'elles sont charmantes, et qu'il nous sera difficile de jouer notre rôle jusqu'au bout.

MADAME BOULENZINC. Étudiantes en médecine, jeunes carabines, depuis longtemps je désirais vous démontrer l'analogie qui existait entre les animaux de la terre et les habitants de cette planète. La venue de ces deux quadrumanes va jeter un jour nouveau, je l'espère, sur les probabilités ou hypothèses que nos savants ont pu faire à l'égard de cette race sauvage.

BOULENZINC. Comme elle parle bien, ma femme!

GODEFROY, *s'approchant.* Comment, sauvage! mais je vous prie de croire, mesdames, que devant la beauté nous ne le sommes pas toujours!

DROGUINETTE. Oh! mais, il s'exprime à merveille.

MADAME BOULENZINC. Très-bien dressé!

BISTOURINE. Il est bien plus gentil que le mandrille que vous nous avez fait étudier.

BALDAQUIN. Vous pouvez même ajouter que la différence est des plus grandes.

CAMPHRINETTE. Ce n'est pas pour vous que vous dites ça! car vous, vous êtes aussi laid que lui.

GODEFROY, *riant.* Attrape, Baldaquin.

BOULENZINC, *à sa femme.* J'ai fait quelques observations sur leurs mœurs... Si tu veux en prendre connaissance... bobonne... ça t'aidera.

MADAME BOULENZINC, *le repoussant.* Plus tard, mon ami, plus tard. (*Prenant Godefroy par la tête.*) Le frontal est proéminent... l'angle facial se rapproche du nôtre... le museau rose..!

les yeux expressifs... et soutenant le regard de la femme.

BOULENZINC. Ah! mais, oui...

MADAME BOULENZINC. Quand ils ont trop d'intelligence, ces animaux-là vivent peu.

GODEFROY. Comme dans les *Enfants d'Edouard.*

MADAME BOULENZINC. Passons au thorax. (*Elle lui met l'oreille sur l'estomac.*) Pas mauvais!... Tapez-lui dans le dos... (*Les étudiantes lui frappent dans le dos.*) Pas si fort!... pas si fort... Des petits coups secs... (*Les étudiantes font le simulacre d'ausculter Godefroy. Ce même jeu se répète par les deux autres étudiantes sur Baldaquin.*)

GODEFROY, *riant.* Ah! mais, finissez, mesdames... vous me chatouillez!...

DROGUINETTE. Je trouve celui-là bien plus gentil que votre mari, moi, madame!...

MADAME BOULENZINC. Comme physique... j'avoue que la supériorité est du côté de ces quadrumanes.

CAMPHRINETTE, *regardant Boulenzinc.* C'est plutôt lui qui a l'air d'un singe, regardez donc!

(*Toutes rient.*)

BOULENZINC. Comment! c'est moi qui ressemble à un singe! Qu'est-ce que ça signifie une comparaison pareille... mesdemoiselles... Est-ce que je peux ressembler en quoi que ce soit à ces gorilles?

MADAME BOULENZINC. Monsieur Boulenzinc, je vous ai déjà défendu de nous interrompre. Nous avons besoin d'étudier à fond ces terriers et vous troublez la consultation.

BOULENZINC. Mais...

MADAME BOULENZINC. Il n'y a pas de mais... Taisez-vous! (*Elle remonte au fond avec ses élèves.*)

BALDAQUIN. Dites donc, Godefroy, est-ce qu'elles vont pousser plus loin leurs investigations? Je ne sais pas si c'est la faim ou l'émotion, j'ai l'estomac dans les talons.

BOULENZINC. L'estomac dans les talons... encore une note à ajouter. (*Il écrit.*) Les terriers ont l'estomac placé dans les talons...

MADAME BOULENZINC, *redescendant.* Mesdemoiselles, continuons notre cours.

Air nouveau de *Diache.*

Veuillez vous approcher, n'ayez aucune crainte;
Mettez l'article en mains, visitez les sujets;
Gens de la Faculté, nous allons sans contrainte
Étudier leur race et voir comme ils sont faits!
  Un savant des plus célèbres
  Prétend que les sapajous
  Naissent avec des vertèbres
  En plus grand nombre que nous.
  Si cela nous entortille,
  Pour n'en plus jamais douter,
(*montrant Godefroy.*)
  Sur le dos de ce gorille
  Ici nous pouvons compter.
(*La même scène se répète sur Baldaquin.*)

TOUTES.

Oui, l'on peut compter.
(*Godefroy se retourne ainsi que Baldaquin.*)

MADAME BOULENZINC.

  Qu'ils sont drôles par derrière!
  Ah! la chose est singulière!
  On dirait que les sujets
  Ne sont pas complets!...

GODEFROY et BALDAQUIN, *faisant face au public.*

  Comment pas complets?
  (*Ils se retournent.*)

TOUTES.

  C'est une nouvelle race!
  Ces singes sont curieux!
  Que cette espèce est cocasse!
  Cela tient du merveilleux!

MADAME BOULENZINC.

Ce dos interrompu n'est pas complet, je pense;
Quelque chose bien sûr doit leur manquer par là.
Croyez-en mon expérience! (*bis*)
Sans doute qu'en voyage ils ont perdu cela!

ENSEMBLE.

MADAME BOULENZINC et SES ÉLÈVES.

  C'est une nouvelle race!
  Ces singes sont curieux!
  Que cette espèce est cocasse!
  Cela tient du merveilleux!

GODEFROY et BALDAQUIN.

  Ce quiproquo nous agace
  Et devient des plus scabreux!
  Essayons par notre audace
  D'être tout aussi forts qu'eux!

MADAME BOULENZINC. Et maintenant, mesdemoiselles, allons rendre compte de notre expertise à la Faculté de médecine. Ah! dites donc, Boulenzinc... vous enverrez le vieux à la ménagerie... et vous conduirez le petit à la maison.

BOULENZINC. Comment! à la maison?

MADAME BOULENZINC. Je désire l'étudier plus à mon aise dans le silence du cabinet.

GODEFROY. Aïe! aïe! aïe!

MADAME BOULENZINC. Il habitera avec nous.

BOULENZINC. Mais ça n'a pas le sens commun!...

MADAME BOULENZINC. C'est dans l'intérêt de la science.

BOULENZINC. Mais ça ne me va pas du tout... Si ce singe-là est comme celui qui est arrivé ici.. il doit avoir de très-grands défauts.

MADAME BOULENZINC. La science avant tout!

DROGUINETTE, *riant.* Ah!... ah!... ce pauvre Boulenzinc.

BISTOURINE, *même jeu.* Fait-il une tête!

CAMPHRINETTE. Il a l'air d'être horriblement vexé.

MADAME BOULENZINC. Je vous attends, mesdemoiselles. (*A Baldaquin, désignant Godefroy.*) Conduisez-le chez moi et donnez-lui des noisettes pour l'amuser. (*Bas et vivement à Godefroy.*) J'ai feint de partager l'erreur de ces lunatiques... Mais moi seule ai deviné que tu n'étais pas un singe! Je me sens attirée vers toi par une sympathie inexplicable! Je t'aime!... (*Elle se sauve. Godefroy reste interdit.*)

REPRISE DU CHŒUR PRÉCÉDENT.

Pour nous quel bonheur insigne.
De *purgare, saignare,* etc.
(*Les femmes docteurs sortent.*)

SCÈNE VIII

BALDAQUIN, GODEFROY, BOULENZINC.

BOULENZINC. Vous savez, si elle croit que je vais vous mener à la maison, ma femme.

BALDAQUIN. Le fait est que mon camarade a l'air de plaire à madame votre épouse... et ça n'a pas l'air de vous aller, ça.

BOULENZINC. Eh bien! non, là... ça ne me va pas du tout; c'est bête... c'est ridicule... c'est tout ce que vous voudrez; mais je suis jaloux même d'un singe!...

GODEFROY. Monsieur Boulenzinc, les singes ont leur dignité... S'il vous déplaît de m'installer chez vous, faites-moi évader... Entre nous, vous savez, j'en ai assez de la lune.

BALDAQUIN. Et moi aussi... Nous allons décrocher nos cigognes et fouette cocher.

(*On entend dans la coulisse le peuple qui crie: Vive Coquelicotte!*)

BOULENZINC. Arrêtez... Voilà la grande protectrice et ses prétendants qui viennent par ici.

GODEFROY. Vous hésitez?

BOULENZINC. Eh bien! non, là... Venez avec moi, je vais vous revêtir d'un costume qui vous empêchera d'être reconnus. Suivez-moi.

BALDAQUIN. Ouf! nous l'échappons belle!
(*Ils sortent.*)

SCÈNE IX

COQUELICOTTE, D'ZIM-D'ZIM, YOUP-YOUP, NIP-NIP et PROUT-PROUT.

ENSEMBLE.

Air de *Dunanan.*

COQUELICOTTE.

    Laissez-moi!
  Ah! vraiment ma foi,
  Je suis à bout de patience!
    L'insistance
    En pareil cas,
  Non, messieurs, ne réussit pas!

LES PRÉTENDANTS.

    Ah! ma foi,
  Dites-nous pourquoi
  Vous avez tant d'impatience?
    L'espérance
    Guide nos pas
  Et nous ne vous quitterons pas!

COQUELICOTTE. Messieurs, vous m'ennuyez, vos compliments m'énervent, vos sourires me crispent et votre présence m'horripile.

YOUP-YOUP. Ne l'oubliez pas, grande protectrice, le peuple vous a mise en demeure de choisir aujourd'hui un époux. Il y a huit jours que vous êtes au pouvoir, et déjà les lunatiques ont assez de votre gouvernement.

NIP-NIP. Et si vous ne leur obéissez pas, prenez garde.

COQUELICOTTE. Encore une fois, messieurs, ce n'est pas le mariage qui me déplaît, ce sont les maris qui se proposent.

NIP-NIP. Vous êtes difficile, Excellence... car nous avons été choisis avec soin dans le tas de prétendants qui briguaient cette union...

PROUT-PROUT. Nous sommes la fleur des fèves, le dessus du panier des habitants de cette planète. Ne nous repoussez pas, grande protectrice!

COQUELICOTTE. Je ne peux cependant vous épouser tous les quatre... Vous y tenez donc bien à ma main...

LES QUATRE PRÉTENDANTS. Oh v'oui!

COQUELICOTTE. Eh bien! la voilà. (*Elle flanque un soufflet à l'un d'eux.*) Et je suis prête à l'offrir aux trois autres de la même façon.

CHŒUR.

Air de *Don Quichotte.*

  Ah! vertuchoux! ah! saprelotte!
  Quelle gaillarde cela fait!
  En vérité Coquelicotte
  Sait donner un sou, sou,
  Sait donner un soufflet.
(*Ils sortent furieux.*)

SCÈNE X

COQUELICOTTE *seule,* puis GODEFROY.

COQUELICOTTE. Non, non, non, non! Me marier avec des cocos comme ça... J'aime encore mieux renoncer au pouvoir. (*Riant.*) Et dire qu'ils ont été triés soigneusement et que ce sont les quatre plus beaux hommes de la tune.

GODEFROY, *entrant.* (*Il a un costume de Lunatique splendide.*) Nous nous sommes débarrassés de notre fourrure... Boulenzinc nous a procuré ces costumes et Baldaquin a été atteler les cigognes. Nous voilà sauvés!

COQUELICOTTE, *apercevant Godefroy et restant en extase.* Ah! le beau garçon!

GODEFROY. Ah! la belle créature!

COQUELICOTTE. D'où vient-il? d'où sort-il? (*Mettant la main sur son cœur.*) Ça m'empoigne là!

GODEFROY. Est-ce la statue de Galathée? Suis-je Pygmalion?

COQUELICOTTE. Approche, jeune Lunatique, plus près, là... Ah! mais, sais-tu que tu es très-joli!... Tu as un petit nez tout drôle... Qui es-tu? où demeures-tu?

GODEFROY, *à part.* Ne me trahissons pas. (*Haut.*) Mais je demeure là-bas.

COQUELICOTTE. Où ça?... Dans quelle rue?...

GODEFROY. Dans un des quartiers de la Lune... rue du Croissant. (*A part.*) C'est bien le diable s'il n'y a pas une rue du Croissant ici.

COQUELICOTTE. Mais sais-tu que tu es très-bien!

GODEFROY. Du moment que vous le dites.

COQUELICOTTE. Pourquoi ne t'es-tu pas mis au nombre des prétendants?

GODEFROY. Des prétendants?... Alors vous êtes...

COQUELICOTTE. La grande protectrice!

GODEFROY. La grande pro... Excellence! (*il se prosterne*) pardonnez à ma témérité.

COQUELICOTTE. Je pardonne tout... aux jolis garçons... Approche!

GODEFROY. Mais c'est une grande-duchesse, une reine Crinoline...

COQUELICOTTE. Plus près... là... m'aimes-tu? veux-tu m'aimer?

GODEFROY. Dam... vous savez... jusqu'à présent je n'ai pas eu énormément le temps de consulter mon cœur.

COQUELICOTTE. Depuis le temps que je gouverne ce pays... depuis huit jours! Mais tout le monde m'adore ici!

GODEFROY. Eh bien! oui, madame... je n'ose pas vous l'avouer, mais je vous idolâtre... je vous aime comme on n'aime pas !... (A part.) Je m'emballe, tant pis!

COQUELICOTTE. Ta voix est douce comme une guitare... Tu me plais, je te trouve beau, cela t'étonne.

GODEFROY. Ça m'étonne et ça m'électrise. Et si je ne craignais de commettre un crime de lèse-majesté !... (Il lui prend la main.)

COQUELICOTTE. Ne crains pas, mon ami, j'autorise! (Godefroy lui embrasse la main.) car moi aussi je t'aime... Dès que je t'ai vu... tu as fait vibrer toutes les cordes de mon cœur... Je ne suis plus une grande protectrice, je ne suis plus une femme... je suis un volcan !...

GODEFROY, à part. Ils vont bien dans ce pays !...

Air du *Trône d'Écosse.*
COQUELICOTTE.

I

Je voudrais être violette
Pour t'embaumer, ô mon très-cher;
Je voudrais être escarpolette
Tous deux pour nous bercer dans l'air;
Je voudrais être tourterelle
Pour te roucouler qu'avec toi ;
Ah! je voudrais être ficelle
Pour pouvoir t'attacher à moi !

II

Pour te caresser la figure
Je voudrais être ton rasoir ;
Pour jouer dans ta chevelure
Je voudrais être démêloir ;
Oui, je voudrais être fougère
Pour te faire un nid des plus doux ;
Je voudrais être jarretière
Pour toujours être à tes genoux.

GODEFROY. Madame !... vos paroles m'enivrent !... c'est un miel !... c'est une rosée !... je nage dans la vanille, vous me transportez dans le dix-septième ciel ! (A part.) Je m'emballe de plus en plus.

COQUELICOTTE. Parle encore. Dis-moi toi !... Parle toujours, j'ai besoin de t'entendre... qu'as-tu encore à me dire.

GODEFROY. Tout ce que tu voudras... ange de la lune... Comment l'appelles-tu?

COQUELICOTTE. Coquelicotte !...

GODEFROY. Eh bien! Coquelicotte, écoute... J'ouvre la soupape de la poésie je tourne le robinet de l'improvisation... et voici ma réponse :

(Suite de l'air précédent.)
Pour refléter ton doux sourire
Je voudrais être ton miroir ;
Pour presser ce corps que j'admire
Je voudrais être ton peignoir.
Pour me fourrer sous ta quenotte
Ah! je voudrais être abricot;
Je voudrais, ô Coquelicotte !
Être enfin ton Coquelicot !

(A la fin du deuxième couplet de Coquelicotte, Youp-Youp apparaît au fond, et en voyant Godefroy qui tient Coquelicotte par la taille, il lève les bras au ciel et paraît scandalisé. Il sort. A la fin du couplet de Godefroy, Youp-Youp revient suivi des autres Prétendants et de tous les habitants de la lune. Ils vont se grouper au fond en silence. Ils paraissent tous horriblement furieux de ce qu'ils voient. Ils l'expriment par gestes.)

GODEFROY, qui s'est retourné à la fin de son couplet. Il me semble avoir entendu marcher derrière nous !... Ah! plus que ça de monde! Nous sommes perdus !

COQUELICOTTE. Ils sont furieux !... Voyez-les donc... ils sont en rage.

GODEFROY. Ils sont en rage et ils ne disent rien.

(Pendant toute cette scène les prétendants ar-pentent le théâtre en donnant les signes de la plus grande fureur.)

COQUELICOTTE. Ils sont dans le quart d'heure du silence!

GODEFROY. Qu'est-ce que c'est que ça!

COQUELICOTTE. Comment, qu'est-ce que c'est que ça !... Tu n'es donc pas un Lunatique.

GODEFROY. Si fait, mais je vis au fond de la province !... j'habite *Lunéville.*

COQUELICOTTE. Eh bien! sache donc que c'est un des usages de notre planète !... Pour se reposer des bêtises qu'on a dites, et pour réfléchir à celles qu'on va dire encore, les habitants sont tenus d'observer le mutisme le plus complet pendant quinze minutes par jour. C'est ce que nous appelons le quart d'heure du silence.

GODEFROY. Comme nous nous avons le quart d'heure de Rabelais. C'est très-ingénieux. C'est toujours ça de gagné.

COQUELICOTTE. Quand le quart d'heure est fini, on se rattrape. Ils n'en peuvent plus! Ils vont éclater! Gare la bombe! (On entend un coup de cloche.) Le quart d'heure est terminé. Écoute!

SCÈNE XI

LES MÊMES, TOUS LES PERSONNAGES DU TABLEAU, puis BALDAQUIN.

CHŒUR.
Air du *Père en courroux.*
Ah! morbleu!
Mais voyez donc un peu!
C'est vraiment horrible!
Quelle enfant terrible !
Ah! morbleu!
Mais voyez donc un peu;
Ell' n' se dout' mêm' pas qu'ell' joue avec le feu!

A l'amour trop accessible,)
Au premier venu   ) Bis.
Elle abandonne sa vertu!)
Ah! sacrebleu!
Ah! ventrebleu!
Ah! morbleu!
Mais voyez donc un peu, etc.

NIP-NIP. Vous le voyez, braves Lunatiques, voilà ce que fait votre protégée, elle roucoule en plein air avec le premier godelureau venu.

LES LUNATIQUES, *murmurant.* Ah !...

GODEFROY, à part. Il m'a appelé godelureau ! (Coquelicotte le retient.)

PROTU-PROUT. Et elle refuse de prendre un mari, elle gifle les prétendants.

LES LUNATIQUES. Oh !

COQUELICOTTE. Braves habitants de la lune ne vous laissez pas monter la tête par ces quatre nigauds, écoutez-moi... Est-ce aujourd'hui que je dois définitivement faire le choix d'un époux.

TOUS. Oui, oui !...

COQUELICOTTE. Eh bien, ce choix est fait!

LES QUATRE PRÉTENDANTS, *s'avançant.* Et votre mari...

COQUELICOTTE, *montrant Godefroy.* Le voilà !

TOUS. Vive Coquelicotte! (Godefroy paraît surpris.)

COQUELICOTTE. Il régnera avec moi.. puisque tel est votre désir... et pour concilier tous les partis...

GODEFROY. J'accepte ! Je serai Roi de la République, et je régnerai sous le nom de Coquelicot Ier. Demain, je vous ferai ma profession de foi.

TOUS. Vive Coquelicot Ier !

GODEFROY, *au public.* Ça n'est pas plus difficile que ça !

BALDAQUIN, *entrant.* (Il arrive dans son costume d'habitant de la lune. A Godefroy, bas.) Dites donc, les cigognes sont prêtes, nous pouvons partir.

GODEFROY. Je ne peux pas, cher ami, je suis occupé. On vient de me nommer roi des états de la lune.

BALDAQUIN. C'est une charge!

GODEFROY. Oui, une lourde charge, mais il faut savoir se rendre utile.

BALDAQUIN. En voilà un avancement !... Dites donc, gare à la révision des grades !...

GODEFROY. Baldaquin, j'ai l'honneur de vous présenter ma fiancée, la charmante Coquelicotte.

BALDAQUIN, *saluant.* Comment, vous vous mariez aussi ?...

GODEFROY. Parfaitement !... Et pour vous prouver notre haute estime, Baldaquin, nous vous nommons grand chambellan des États de la lune !

LE PEUPLE. Vive le grand chambellan ! Vive Coquelicot Ier.

(Les quatre prétendants entre eux dans un coin.)

YOUP-YOUP. Ils sont à mettre sous cloche, ma parole d'honneur !...

NIP-NIP. Ils se partagent nos États comme une galette !

PROUT-PROUT. Et nous supporterions cela !

DZIM-DZIM. Le mariage n'est pas encore fait messieurs !

GODEFROY, *au peuple.* Braves lunatiques. je vous invite tous à ma noce.

COQUELICOTTE. Et ce soir, nous vous offrirons une course de taureaux splendide... comme divertissement.

TOUS. Vive Coquelicotte !... Vive Coquelicot!

ENSEMBLE
FINAL du *Beau Dunois.*
Eh bon eh bon eh bon bon bon,
La faridondaine, la faridondon ;
Il faut qu'on chante et qu'on rie ;
Allons-y d'un rigodon,
Coquelicott' se marie :
En chœur chantons donc ; (bis)
Eh bon eh bon eh bon bon bon,
La faridonpaine, la faridondon !

(Godefroy sort en donnant la main à Coquelicotte. Baldaquin marche derrière. La foule les suit. — Les quatre prétendants sortent d'un autre côté. — Changement.)

SEPTIÈME TABLEAU
LES PRÉTENDANTS CONSPIRENT

Une salle du palais de Coquelicot.

SCÈNE PREMIÈRE
BALDAQUIN, *seul.*

BALDAQUIN, *seul, entrant.* Eh bien ça y est... e mariage est bâclé... Ils ont une bien drôle de façon de se marier dans cette planète... ça n'a pas été long !... On les a d'abord coiffés d'un immense éteignoir, il paraît que dans ce pays, l'éteignoir est le symbole de l'hymen et on a fait casser à Coquelicotte une petite trompe de chasse! j'en ai demandé la signification et on m'a répondu que c'était pour l'empêcher de tromper son mari si la fantaisie lui en prenait !... Ils sont naïfs dans cette contrée !... Il paraît du reste qu'il y a quelques années, ça ne se passait pas ainsi la femme conservait en se mariant sa corne à bouquin et toutes les fois qu'elle donnait un coup de canif dans le contrat elle était forcée de sonner une fanfare, comme pour l'hallali d'un cerf !... c'était étourdissant! Il y a des jours où on ne s'entendait pas! C'est égal !... En voilà des changements... depuis hier !... Et Godefroy qui tout le temps de notre voyage me disait : Voyez-vous, père Baldaquin, ce qui me fait quitter la terre sans regrets... c'est la politique... j'en ai plein le dos... Et la première chose qu'il fait dans la lune, c'est de se faire nommer roi... Oh! les hommes en haut comme en bas... tous les mêmes!

Air : *Mon Père était pas.*
On fait d'abord le puritain;
On dit : « Je n' veux rien être !... »
Ou vous propose un beau matin
De gouverner en maître !...
Votre orgueil tout bas
Vous dit : « Pourquoi pas!
Comm' de just' on s'laiss' faire.
C'est l' mêm' boniment,
C'est absolument
Dans la lun' comm' sur terre.

SCÈNE II
BALDAQUIN, MADAME BOULENZINC.

MADAME BOULENZINC, *entrant.* Ah! vous

voilà !!... chut !...où est votre ami et maître ?

BALDAQUIN. Coquelicot Ier ?... il se livre à un acte de la plus haute importance... il dîne !

MADAME BOULENZINC. On me surveille ! Je n'ai que le temps de vous jeter ces mots : On conspire !

BALDAQUIN. Comment, déjà ! mais il n'y a pas trois quarts d'heure que Godefroy est nommé.

MADAME BOULENZINC. Dites-lui qu'il se tienne sur ses gardes. J'ai tout appris par mon mari que j'avais endormi.

BALDAQUIN. Vous êtes magnétiseuse ?

MADAME BOULENZINC. Des pieds à la tête...

BALDAQUIN. Vous avez du fluide ?

MADAME BOULENZINC. A ne savoir qu'en faire.

BALDAQUIN. Et vous avez fait de votre mari un somnambule.

MADAME BOULENZINC. J'en fais tout ce que je veux, mais retenez ceci : un grand complot se trame contre le roi.

BALDAQUIN. Un complot ! une conspiration ! et Godefroy qui gobelotte pendant ce temps là !... et moi son ami, moi son chambellan je ne veillerais pas à sa sécurité... Allons donc ! Je vais songer au bonheur de son peuple !... De quoi peut-il se plaindre, son peuple ? Qu'on ne s'occupe pas encore de lui ? Je vais lui flanquer des impôts...

MADAME BOULENZINC. Allez, faites vite...

BALDAQUIN. Oui, mais pas avant de vous avoir remerciée, femme adorable... Je veux augmenter votre clientèle d'une façon effroyable... Je vais décréter la coqueluche et rendre le rhume de cerveau obligatoire. (Il lui embrasse les mains.)

MADAME BOULENZINC. Oh! Oh! mais vous devenez entreprenant monsieur le chambellant.

BALDAQUIN. Je deviendrai entrepreneur s'il lefaut... Je ferai passer des boulevards sur vos immeubles... je nivellerai la lune, et si cet affreux Boulenzinc, votre honorable mari est jaloux de moi, je lui fermerai la bouche avec des terrains à cinquante centimes le mètre, vous acceptez ?

MADAME BOULENZINC. Comment reconnaître ces délicatesse ?

BALDAQUIN. En m'apprenant votre art divin... En m'admettant parmi vos élèves... femme potelée !...

MADAME BOULENZINC. Chut ! On vient ! soyez prudent !... (Elle va au fond et regarde par la tapisserie.)

SCÈNE III

Les Mêmes, GODEFROY.

GODEFROY, à lui-même en entrant. C'est égal... si quelqu'un m'avait dit hier... Godefroy... Demain, tu seras roi de la Lune et tu épouseras... l'autre... J'aurai dit à ce quelqu'un : Vous êtes un rude blagueur, et vous voulez me faire poser...

BALDAQUIN, s'approchant de Godefroy. Godefroy... il faut faire vos malles...

GODEFROY. Mais, enfin qu'est-ce qu'il y a ?...

BALDAQUIN. Tous les journaux vous éreintent !...

GODEFROY. Déjà !

BALDAQUIN. Les prétendants ont soulevé le peuple contre vous, on murmure.

GODEFROY. Mais je n'ai encore rien fait !

BALDAQUIN. C'est pour ça... N'importe !... il faut partir !...

GODEFROY. Après la fête, nous verrons ça, je na'i pas encore vu de courses de taureaux, et je veux y aller...

MADAME BOULENZINC, descendant. Vous n'irez pas, sire...

GODEFROY. Tiens, la femme docteur !... est-ce qu'il y a quelqu'un d'indisposé ?

MADAME BOULENZINC. Oui, vous !

GODEFROY. Moi, malade ?

MADAME BOULENZINC. Dangereusement !...

GODEFROY. Encore un cancan de journal.

MADAME BOULENZINC. Sire... Un affreux complot se trame contre Votre Majesté.

GODEFROY. Un complot ?

BALDAQUIN. Quand je vous le disais...

MADAME BOULENZINC. Un complot horrible.. Ecoutez les détails de cette infernale machination.

> AIR : de Robinson.
> La chose est très-singulière :
> Les conspirateurs, dit-on,
> Pour vous occir ont fait faire
> Un taureau tout en carton ;
> La machine est sans pareille,
> Car l'animal en marchant
> Fait mouvoir œil, bouche, oreille,
> Comme s'il était vivant !
>
> AIR : Bon, bon, de la Boutonnière.
> Pour faire aller la machine,
> On met deux hommes dessous ;
> Ces hommes, ça se devine,
> Sont des ennemis à vous !
>
> AIR : Fallait pas qu'il y aille
> (A Baldaquin.)
> Croyez-l' bien (bis).
> Il n'faut pas qu'y aille :
> Même un' cott' de moille
> N'y frait rien.
> Nom d'un chien !
> Il n'faut pas qu'y aille,
> Croyez-l' bien.
>
> AIR : des Chevaliers de la Table-Ronde.
> Le diable a dû passer par là,
> Car ce complot est diabolique :
> Or donc, ce complot le voilà ;
> En quelques mots cela s'explique :
>
> AIR : J'ai du bon tabac.
> Tout est pavoisé ; l'arène est immense ;
> Le Roi qu'on attend
> Paraît à l'instant.
>
> AIR : A boire! à boire!
> Silence !   (ter)
> C'est la cours' qui commence :
> Voilà qu'on lâche le taureau,
> Chacun s'écrie : « Ah! qu'il est beau!
>
> AIR : Veux-tu te taire.
> C'est merveilleux, c'est sublime ;
> On simule le combat ;
> Chaque picador s'anime ;
> Enfin le taureau s'abat.
>
> AIR : du Bon roi Dagobert.
> Le Roi s'approche alors
> Au bruit des fifres et des cors ;
> Puis sur le taureau
> S'baissant aussitôt,
> Le Roi, sans prendr' garde,
> Saisit la cocarde
>
> AIR : Un jour maître Corbeau.
> Et va, selon l'usage antique et solennel,
> Pour l'offrir au vainqueur d'un air tout paternel.
>
> AIR : de la Belle Polonaise.
> A cet instant terrible
> Un gros r'ssort se détend :
> Un coup de corne horrible
> Du Roi perce le flanc.
> La chose est des plus certaines.
> Vous trouveriez le trépas ;
> N'allez pas, sire, aux arènes,
> Vous n'en reviendriez pas !
> Sir' comme vous seriez vexé,
> Si vous aviez l' flanc percé ;
> Si vous aviez l' flanc,
> Le per,
> Le cé,
> Le flanc percé ;
> Ah! ah! ah!
> Reprise ensemble.
>
> BALDAQUIN.
> Sir', comme nous serions vexé
> Si vous aviez l' flanc percé ;
> Si vous aviez l'flanc,
> Le per,
> Le cé,
> Le flanc percé.
>
> GODEFROY.
> Ah! comm' je serais vexé,
> Si j'avais le flanc percé ;
> Si j'avais le flanc,
> Etc.

GODEFROY. Comment! ils ont machiné un taureau pour attenter à mes jours !... Mais on n'a pas idée de ça.

BALDAQUIN. Maintenant, un dernier mot qui, je l'espère, vous décidera à partir. Il n'y a pas de liste civile !

GODEFROY. Pas de liste civile !

MADAME BOULENZINC. Ils l'ont supprimée.

GODEFROY. Assez! assez!... Des coups de cornes et pas de liste civile ! Partez devant,

BALDAQUIN. Je vais prendre ma femme, je vous suis.

SCÈNE IV

LES MÊMES, LES PRÉTENDANTS, BOULENZINC, LES LUNATIQUES, puis COQUELICOTTE, suivie de ses Femmes.

YOUP-YOUP. Le taureau s'impatiente, sire.

DZIM-DZIM. Il semble fier et heureux de l'honneur que vous lui réservez.

NIP-NIP. Celui d'aller cueillir entre cornes la cocarde d'honneur...

PROUT-PROUT. Que vous offrirez à Coquelicotte.

BOULENZINC. Notre grande et bien-aimée protectrice.

GODEFROY, royalement. Découvrez-vous, messieurs, devant le Roi ; il n'y a que l'emprunt qui ait le droit de rester couvert. (Tout le monde se découvre. A Baldaquin.) Baldaquin, tenez-vous prêt avec vos cigognes, et après la course nous nous éclipserons en douceur.

BALDAQUIN. Allons donc !

DING-DING. La grande protectrice. (Coquelicotte entre, suivie de ses Femmes.)

> CHŒUR.
> AIR : Qu'il est beau! qu'il est donc gentil!
> Qu'elle est belle! Ah! qu'elle est donc bien !
> On dirait vraiment une fée ;
> Coquettement mise et coiffée,
> Pour plaire il ne lui manque rien.

TOUS. Vive Coquelicotte !

COQUELICOTTE, à Godefroy. Mon ami... pour vous faire honneur, j'ai mis tous mes diamants.

GODEFROY. Vous avez bien fait, ma chère Coquelicotte... ça se trouve à merveille. (Au public.) Je les garderai comme souvenir de ma royauté éphémère.

TROMBINOSCOP. Y êtes-vous ?...

KATOKOÏ. Tout le monde est prêt...

BOULENZINC. En route alors !...

TOUS. En route !...

> Reprise.
> Qu'elle est belle, en route !...

Tout le monde sort. Le théâtre change et représente les arènes. L'estrade royale à droite ; un peu plus loin celle des Boulenzinc ; de tous côtés le peuple.

HUITIÈME TABLEAU

UNE COURSE DE TAUREAUX DANS LA LUNE

Les arènes. — Entrée du roi et de sa suite. — Cortège. — Musique. — Tout le monde se place dans les tribunes. — Entrée des écuyères à cheval, des picadors et des toréadors. On salue la tribune du roi. — Après quelques passes, un picador fait un signe. — Le taureau apparaît au fond à gauche.

SCÈNE UNIQUE

TOUS LES PERSONNAGES DE L'ACTE.

GODEFROY. Ah! le voilà, ce fameux taureau. C'est là-dedans que sont mes deux gredins. Je me demande par où respire celui qui fait les jambes de derrière.

COMBAT DE TAUREAU. A la fin du combat, un des Picadors plante un poignard dans la tête du taureau, qui chancelle.

BOULENZINC s'avançant. Sire, le taureau va tomber... A vous l'honneur de détacher la cocarde !

GODEFROY. Je la connais, votre cocarde : il y a un coup de corne avec... Eh bien! si le taureau tombe, je condamne les conspirateurs qui sont dedans à dix ans de taureau forcé.

(Le taureau se sépare. Le train de derrière se sauve à droite, le train de devant à gauche. Les Lunatiques poussent un cri de surprise.

GODEFROY. Et maintenant, que la fête continue !... (bas à Baldaquin) Baldaquin, allons atteler nos cigognes ! (Il fait un signe à Coquelicotte.)

(Pendant cette scène la musique en sourdine. Baldaquin, Godefroy et Coquelicotte sortent furtivement des arènes. Les danses recommencent.)

BALLET.
(A la fin du ballet, on voit passer en l'air la nacelle portée par les cigognes et dedans Godefroy, Coquelicotte et Baldaquin. Les lunatiques lèvent les bras au ciel et poussent un grand cri d'étonnement. Tableau.